UTILITARIANISM
JOHN STUART MILL

TRANSLATOR GEN NAKAYAMA　NIKKEI BP CLASSICS

功利主義

ジョン・スチュアート・ミル

中山 元［訳］

日経ＢＰ

UTILITARIANISM

1863

JOHN STUART MILL

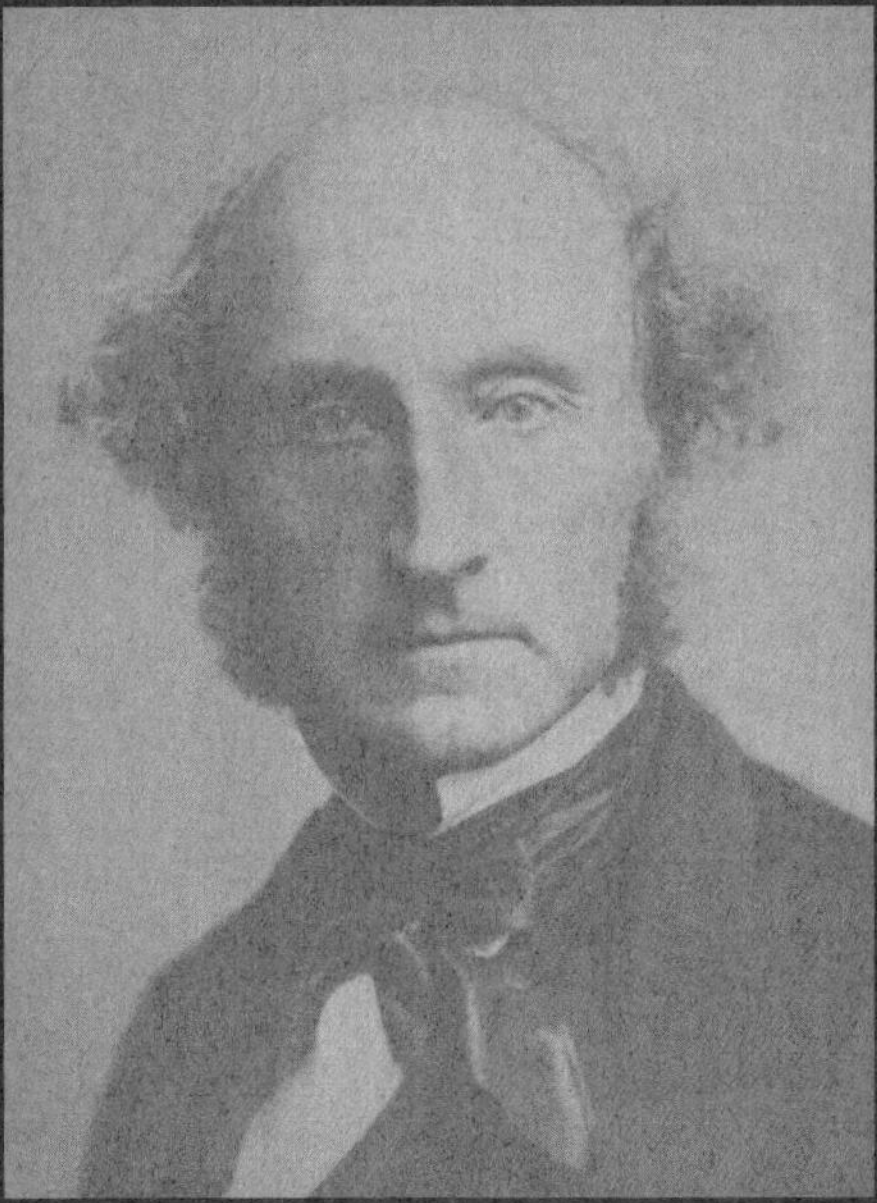

ジョン・スチュアート・ミル

Photo: AFLO

目次

第1章 **概論** 11

道徳の基礎という難問
学問とその第一原理の関係
道徳感覚論の限界
道徳的な原理としての功利主義
快楽と善
功利主義の証明のための準備

第2章 **功利主義とは何か** 27

功利主義への典型的な批判
功利主義の原理の核心
豚の幸福と人間の幸福
快楽における質の問題

豚とソクラテス
この議論への反論
判断を下す資格
功利主義の基準
人生の目的の判断
功利主義への別の反論
人生の目的としての幸福
人生の苦難の克服
幸福を断念する行為の目的
自己犠牲の目的
功利主義は自己犠牲をどのように考えるか
功利主義の道徳体系の命じるもの
行為の規則と動機の違い
功利主義に対する根拠のない非難
道徳問題に関する功利主義の優位
功利主義は無神論か
功利主義は不道徳な理論か
功利主義への典型的な反対論
二次的な原理の役割

第3章　功利の原理の最終的な強制力について　91
道徳を支える強制力（サンクション）についての問い
道徳理論に固有の難問
外的な強制力について
良心の本質
内的な強制力の力
先験的な道徳論の見解
直観主義的な道徳論と功利主義の道徳論の一致
道徳的な感情の起源
道徳的な連想の力
社会的な感情という基礎
一体性の感情の働き
第4章　功利の原理はどのように証明できるか　117
第一原理は証明できない
幸福という最終目的
その他の目的
徳の高さは最終目的になりうるか

手段が目的になる場合
徳の高さへの愛とその他の欲望との違い
徳への愛と幸福
功利の原理の証明
意志と欲望の違い

第5章　**正義と功利の関係について**　141

正義の観念のもつ力
正義の感情の起源
正義、不正義の特徴
人々が一般に正義や不正と呼ぶ事柄
第一の事例――正当な法的な権利の侵害
第二の事例――悪法によって認められた法的な権利の侵害
第三の事例――比例的な正義
第四の事例――信頼関係を壊すことは不正
第五の事例――不公平に扱うことは不正
平等の問題
語源による考察
正義の観念の変遷

正義の行為と不正の行為の違い
正義の行為と道徳の行為の違い
正義の感情
行為の道徳性
正義の感情の二つの要素
権利を構成する二つの要素
正義と不正についての感情の強さ
安全の重要性
正義と功利
さまざまな異論
報復律の妥当性
能力給の実例
課税額の実例
正義と便宜の違い
もっとも重要な道徳規則
正義のさまざまな準則
社会制度の変遷
正義の原則の功利
正義の感情の性質

付録　ベンサム論　213
思想の世界における二人の傑物
ベンサムとコールリッジの影響力
偉大な批判者としての思想家ベンサム
批判的な思想家の役割
ベンサムの才能
否定的な思想家としてのベンサム
ベンサムの仕事の性格
ベンサムの栄光
ベンサムの方法の卓越さ
細分割の方法
ベンサムの方法
ベンサムの方法の成果
網羅的な方法
総合的な方法と分析的な方法
ベンサムの方法の限界
人類の知恵

ベンサムの思想家としての欠陥
想像力の重要性
ベンサムの限界
ベンサムの盲点
ベンサムの人間論
人間の良心の否定
人間性の考察における欠落
こうした欠落の原因
弟子たちの振る舞い
三つの強制力（サンクション）
ベンサムの倫理学的な体系の欠陥
ベンサムの社会理論
社会哲学におけるベンサムの貢献
ベンサムの偉大さ
法律分野におけるベンサムの功績
イギリス法の改善の歴史
イギリス法の混沌
ベンサムの資質
ベンサムの業績

ベンサムの原理の浸透
ベンサムの原理の弱点
ベンサムの統治の理論の評価
統治についての三つの問い
世論の支配
急進主義哲学
世論の専制と抵抗の中心
抵抗の中心
ベンサムの政治哲学の長所
功利主義の理論
倫理学におけるベンサムの欠陥
人間の行為を判定すべき三つの観点
ベンサムの詩歌論
ベンサムの文体
結語

訳者あとがき　ミル『功利主義』の果たした役割　346

功利主義

凡　例

- 底本にしたのは、「功利主義」と「ベンサム」のどちらも、*The Collected Works of John Stuart Mill, Volume X-Essays* on *Ethics, Religion, and Society*, Routledge, 1996 である。
- 原注は★印で本文に組み込んで示した。脚注はすべて訳者注であり、＊1、＊2などで示した。
- 訳文の段落ごとに示した小見出しは、訳者が作成したものである。また訳文では原文と異なる段落分けをしている。
- 原文で頭文字を大文字にして強調している単語は、煩瑣にならない限りで「 」で囲んでいる。〈 〉で囲んだ部分は訳者による強調であり、［ ］で囲んだ部分は訳者の補足である。

I.

第 1 章
概論
General Remarks

道徳の基礎という難問

人間の知識にかかわる問題のうちで、正義とは何か、不正とは何かを判断する基準をめぐる論争を解決する試みがほとんど進展していないという現状ほど、わたしたちの期待を裏切るものはないだろう。これはきわめて重要な事柄であるにもかかわらず、この問題についてのわたしたちの思索は、はなはだ遅れているのである。

哲学が誕生してからというもの、最高善《スマム・ボヌム》にかかわる問題、言い換えれば道徳の基礎にかかわる問題は、思索の営みにおける重要な問いとみなされつづけてきた。そしてもっとも才能のある思想家たちがこの問題に熱心に取り組み、さまざまな党派や学派に分裂して、たがいに活発な議論を展開してきたのである。

ところが二千年を経過した今になっても、同じ問題について議論がつづけられているのであり、哲学者たちは昔ながらの陣営に分かれて、同じような議論をつづけている。思想家たちも一般の人々も、この問題については意見が一致していないようである。かつて若きソクラテスが年上のプロタゴラスの語る言葉に耳を傾け、ソフィストと呼ばれる人々の通俗的な道徳論に対抗して、功利主義的な理論を展開していた頃と、まったく変わりばえのしない状態なのである（プラトンが対話篇『プロタゴラス』に書き留めている対話が、実際に行われていたとすればのことであるが）。

学問とその第一原理の関係

どのような学問においても、その第一原理については同じような混乱や不確実性がみられるのはたしかであり、場合によっては哲学と同じような意見の対立がみられることもある。そして学問のうちでもっとも確実な学問とみなされる数学についても、同じことが言える。だからといって、これらの学問によって得られた結論の信憑性が損なわれることはないし、実際にほとんど損なわれていないのである。

これは奇妙なことと思われるかもしれないが、このことは、ある学問の理論の詳細な内容は、こうした第一原理と呼ばれるものから導き出されるものではないし、そうした第一原理によって証明されるものでもないということで説明できるだろう。そうでなければ「もっとも確実な学とみなされている」代数学ほど、学問の基礎が脅かされ、その結論が満足できないものとなる学問はないだろう。代数学の確実性は、学習者に一般に代数学の基礎として教えられているものから引き出されているわけではない。というのも、傑出した代数学の教師たちが指摘しているように、代数学の基礎と呼ばれるものにはイギリスの法律と同じように多くの虚構が含まれているからであり、神学と同じように多くの神秘的なものが含まれているのである。

ある学問において、第一原理として最終的に受け入れられている真理というものは、実際にはその学問において前提とされている基本的な概念に基づいた形而上学的な分析の最終的な結果にほかならない。言い換えるとこうした第一原理とその学問の関係を譬えてみれば、第一原理が土台で、その上に学問の建物が建築されているようなものではない。むしろ第一原理は樹木の根であり、学問は樹木そのものであると言うべきだろう。第一原理というものは、樹木の根と同じように、掘り出して日の光に当ててみせなくても、建物の土台のように、学問を支える役割を十分に果たせるものなのである。

　このようにその他の学問では個々の真理のほうが一般理論に先立つということはあるとしても、道徳や立法のように実践的な技術《アート》の場合には、個々の真理よりも一般理論のほうを先に確立しておかなければならないと思われるかもしれない。こうした実践的な技術にあっては、すべての行為は何らかの目的を目指すものであり、行為の規則というものはその目的とするものによって定められるものであって、こうした行為の規則の全体的な性格と特性は、その目的によって定められていなければならないと想定するのは、ごく自然なことだからである。

　わたしたちが何らかの目的を目指して活動するのであれば、わたしたちが目指しているものが何であるかについて、最初に明確にそして正確に規定しておかなければならないはずであり、最後になってどのようなものが手に入るだろうかと、ぼんやりと夢想していることはできない。それと同じように正義と不正について判断するための基準は、何が正義であり何が不正であるかを決定するための手段とならなければならない。あるものが正義であるとか不正であるかとかを決めたあとで、正義とは何か、不正とは何かについての基準を定めるようなことがあってはならないのである。

道徳感覚論の限界

この困難な問題は、わたしたちには自然に生まれた能力がそなわっていて、この感覚あるいは本能のようなものによってての何が正義であり何が不正であるかが分かるのだという通俗的な理論［道徳感覚論］を利用しても、回避することはできない。というのも人間のうちにそのような道徳的な本能が存在するかどうかそのものについて意見が対立しているだけではなく、こうした理論を信じている人であっても、哲学者を自認している人であれば、目の前に現実に存在する光景や音について、わたしたちの視覚や聴覚によって見分けることができるのと同じように、目の前にある個別の事例についても、道徳的な本能によって正義と不正について見分けることができるという考えは、放棄せざるをえなかったからである。道徳的な能力の理論について説明している人々のうちで、思想家の名に値する人であれば、こうした道徳的な能力が提供してくれるのは道徳的な判断についての一般的な原則にすぎないことを認めている。道徳的な能力というものは感覚的な能力ではなく、理性に属する能力である。道徳的な能力に求めることができるのは、抽象的な道徳理論だけであって、具体的な正義と不正についての判断ではないということでは、意見が一致しているのである。

直観主義的な倫理学でもいわゆる帰納主義的な倫理学でも、どちらも同じように一般的な規則が必要であることを強調している。どちらの学派の倫理学も、個々の行動の道徳性を決定するのは、その行動に何らかの一般的な法則を適用することによってであって、その行動についての直接的な認識によってではないことで、意見が一致している。さらにいずれの学派も、ほとんど同じような道徳的な法則を認めている。この二つの学派の異なるところは、このような法則がどのような根拠に基づいて決められるのか、このような法則の権威が認められる源泉はどのようなものであるかということについてだけなのである。

片方の［直観主義的な］学派は、道徳の原理というものはアプリオリに明らかなものであり、原理を表現する言葉の意味が了解されれば、その他の事柄については同意を求める必要はないと考えている。他方の［帰納主義的な］学派は、何が正義であり何が不正であるかを決めるのは、何が正しく何が偽りであるかを決めるのと同じように、観察と経験だけであると主張する。

ただしどちらの学派も道徳性というものは、何らかの原理に基づいて決定しなければならないと考えるところでは一致している。そして直観主義的な学派も帰納主義的な学派も、道徳についての学問が存在しなければならないと、強く主張している。ところがどちらの学派も、このような道徳についての学問の前提となるはずのアプリオリな原理の一覧表を作成することは、ほとんど試みていない。それどころかそうしたさまざまな原理を何らかの第一原理から導き出そうとすることも、義務の共通の根拠に基づいて導き出そうとすることも、ごく稀にしか行われていないのである。

どちらの学派も、ありきたりの道徳的な教訓に、アプリオリな権威がそなわっているかのようにみなすか、このような道徳的な教訓に共通した土台として何らかの一般的な教えを主張しようとするだけである。こうした一般的な教えというものは、道徳的な教訓そのものよりも権威がなく、これまで世の人々からほとんど受け入れられてこなかったことは明らかなのである。

しかし彼らの主張が認められるためには、すべての道徳性の根源となる基本的な原理あるいは法則が存在していなければならないはずであり、このような基本的な原理あるいは法則がいくつも存在する場合には、それらの優先順位が定められていなければならないはずである。さらにこうしたさまざまな原理が対立する場合には、どの原理を採用するかを決定するための規則が、自明なものとされていなければならない。

道徳的な原理としての功利主義

このような欠陥が好ましくない影響をもたらすのは明らかであり、現実においてこうした悪影響がどれほど緩和されているかを調べておく必要があるだろう。さらに究極の基準というものが明確に認識されていないことが、人々の道徳的な信条をどの程度まで損ねているか、またどの程度まで不確かなものとしているかを調べておく必要があるだろう。そのためには、過去と現在の倫理的な教養を徹底的に調査し、批判しなければならない。

ただし人々のこうした道徳的な信条というものは、それがどれほど確実性や一貫性をそなえているとしても、そうした確実性や一貫性は、明確に認識されていない基準が暗黙のうちに働いていることで生まれたものであることは、すぐに明らかにできる。一般に認められた第一原理が存在していないために、倫理学は人々の実際の感情を導く役割を果たすことができず、むしろこうした感情を神聖なものに祭り上げてしまったのである。ところが人間の感情というものは、それが好意的なものであるか嫌悪感であるかを問わず、自分たちの幸福に影響すると思われるものによって、大きく左右される。だからこそベンサムが後に〈最大幸福の原理〉と呼んだ功利の原理は、こうした原理の権威を嘲笑しながら拒絶している人々にあっても、自らの道徳的な原理を作り上げるうえで大きな役割を果たしているのである。

功利の原理が道徳性の基本的な原則であり、道徳的な義務の源泉となるものであることを認めようとしない人々もいるが、そうした人々はどのような思想的な立場をとっていても、道徳についての考察の細部においては、行為が幸福にどのように影響するかについて考察することがもっとも重要であり、主要な論点であることは、認めている。さらに道徳性というものが人間にアプリオリにそなわっていると主張するすべての論者たちは、論証しようとすれば、功利主義的な議論が必要不可欠になることを認めるに違いない。

わたしはここでこうした論者を批判するつもりはない。それでもそうした論者の一例として、この学派のもっとも有名な思想家の一人であるカントの体系的な著作である『人倫の形而上学』に触れないわけにはいかないだろう。この卓越した思想家の思想体系は、これからも哲学的な思索の歴史において画期的な地位を占めつづけることになるだろう。カントはこの著作において、道徳的な義務の源泉であり土台であるものとして、次のような普遍的な第一原理を提示している。「自分の行動原理が、すべての理性的な存在者によって普遍的な法則として認められるような規則に従って行動せよ」[*1]。

ところがカントがこの原理から実際の道徳的な義務を導き出そうとすると、ほとんどグロテスクなまでに失敗することになる。というのもカントは、すべての理性的な存在者が、きわめて不道徳な行動規則を採用することは矛盾したことであり、たとえ現実にではないとしても、論理的に不可能であることを、示すことができないのである。カントが示すことのできたのは、もしもこのようなきわめて不道徳な行動規則が採用された場合には、誰もが望まないような結果が生じるであろうということだけだったのである。

快楽と善

その他の道徳理論については、ここではこれ以上は論じないことにしておきたい。むしろ功利主義の理論あるいは［最大］幸福の理論を理解し、正しく評価するために役立つ事柄について、そしてそれを人々が納得できるように証明する方法について語りたいと思う。この証明という

＊1　同じ表現ではないが、カント『道徳形而上学の基礎づけ』（中山元訳、光文社古典新訳文庫、五六ページ）を参照されたい。

ものが、普通に考えられている意味での証明ではありえないのは、明らかなことである。というのも究極の目的という問題は、直接に証明できるようなものではないからである。あるものが善であることを証明するためには、それが証明抜きで善と認められるものを実現するための手段として役立つことを示さなければならない。たとえば医療の技術は、それが健康に役立つことを示すことによって、善であることを証明する。ところが健康が善であるということをどうやって証明できるというのだろうか。音楽という技術が善であることは、たとえばそれが快適さという善を生み出すことによって証明できる。しかし快適さが善であるということはどうやって証明できるというのだろうか。

このように考えてみれば、それ自体において善であるすべてのものごとを含む包括的な公式のようなものが存在していて、それに含まれない善は、それ自体が目的としての善ではなく、手段としての善であると主張されることが多いことが分かる。この場合に、そうした公式を受け入れることも拒否することもできるだろうが、一般に理解されているような意味で、そうした公式そのものを証明することはできない。ただしそう言ったところで、こうした公式を受け入れるか拒否することが、盲目的な衝動によらなければならないとか、恣意的な選択によらなければならないと主張したいわけではない。

証明という言葉にはもっと広い意味があり、このような広い意味でならば、これについて証明することはできるのであり、それは哲学の分野で議論されているその他の問題と同じことなのである。この問題は理性的な能力によって解決できるものであって、こうした理性的な能力は直観によって認識できるものだけを取り扱うわけではない。知性がこの理論に同意するかどうかを決定するための考察を示すことはできるのであり、その場合にはこうした考察が、証明と同じ役割を果たすのである。

功利主義の証明のための準備

ここではこの考察がどのような性格のものであるか、ここで検討している問題に、この考察をどのように適用できるのか、これを適用した場合に功利主義の公式を受け入れるか拒否するかを決めるために、どのような合理的な根拠を示すことができるのかについて、検討することにしよう。ただしこの公式を合理的に受け入れるか拒否するかを決定するにあたっては、その前提条件として、この公式を正しく理解しておくことが必要である。わたしの考えるところでは、この公式が受け入れられるのを妨げる大きな障害となっているのは、この公式のもつ意味について、一般にきわめて不完全な考え方が行われているという事実である。ひどい誤解だけでも取り除くことができれば、問題はきわめて単純なものとなり、困難の大部分は取り除かれるはずである。

ただしこれから功利主義の基準についての同意を獲得するために役立つ哲学的な根拠を考察する前に、功利主義という理論そのものについて手短に説明しておくことにしよう。その次に、功利主義の理論とはどのようなものであるかを明確に示し、その他の理論とはどのように違っているかを明らかにしておこう。さらに功利主義の理論が誤解されているために生まれた反対論を論駁し、このような誤解と密接に結びついて実際に展開されている反対論を論破しておくことにしよう。このように下準備を済ませた上で、功利主義の理論を一つの哲学的な理論として考察する際に発生する〈証明〉という問題について、できるかぎり検討することにしよう。

II.

第 2 章

功利主義とは何か

What Utilitarianism is

功利主義への典型的な批判

何が正義であり何が不正であるかを判断するための基準として功利（ユティリティ）という概念を採用する人々に向けられる批判のうちには、功利という言葉を快楽に対立するものとみなすために生まれた誤解によるものをよくみかけるが、このような誤解は、功利という言葉をたんに口語的な狭い意味で使っているために生まれるものである。こうした無知による誤解は手短に反論するだけで十分だろう。功利主義に反対する哲学的な論者たちを、たとえ一瞬だけでも、このような不条理な誤解をなしうるような人々と同列に扱うとしたら、こうした論者たちをきわめて失礼に遇していると言わざるをえないのである。

これとは反対に、功利主義（ユティリタリアニズム）はすべてのことを快楽と結びつける、しかもきわめて粗野な快楽と結びつけると非難する人々もいるが、こうした非難は功利主義に対する攻撃としてはごくありきたりのものである。それだけに、功利を快楽と対立するものとみなす誤解はますます異様なものと思われる。功利主義の理論についてのこのような非難についてある有能な論者は、「功利を快楽よりも重視すれば、それは無味乾燥で実行できないものとなるし、快楽を功利よりも重視すれば、肉体的な欲望の意味が強くなってあまりにたやすく実行できることになってしまう」と巧みにまとめている。しかも同じような人々が、ときには同一の人物が、これらの両方の非難をしていることも稀ではないのである。

この問題についていくらかでも知識を持っている人であれば、エピクロスからベンサムにいたるまで、功利の理論を説いた人々が功利という言葉で何を言おうとしていたのかはよく知っているはずである。彼らは功利という言葉で、快楽と対立したもののことではなく、苦痛を避けることを含めて、快楽そのもののことを考えていた。これらの論者たちは、功利を快適なものや美しいものと対立させるのではなく、功利とは何よりも快適なものであり美しいものであると主張していたのである。

ところが一部の著作者を含むふつうの人々は、新聞や雑誌だけではなく、本格的な書物においても、このような皮相な誤謬に陥っている［のであり、功利をこうしたものと対立するものであると考えているのである］。これらの人々は功利という言葉を目にすると、この言葉については、それをどう発音するかということぐらいしか知らないのに、功利とは美しいものや装飾的なものや楽しいものを否定することであり、こうしたものを無視することであるとみなしている。

こうした人々はこの言葉の本当の意味を知らないために、非難する目的だけではなく、ときには称賛する目的においても、この言葉を誤用することもある。その場合には功利とは、軽薄でないということであり、たんなる刹那的な快楽よりも優れたものであるとみなされる。功利という言葉がこのように誤用されているため、この言葉の真の意味が人々に知られることはなく、若い人々もこのような歪められた意味でしか、この言葉の使い方を学ばないのである。

この言葉を特別な意味において使い始めた人々が、長年にわたって特別な名称として使うことをやめていたのに、この言葉をふたたび使い始めたときには、このようなまったくの誤用から救い出すためにいくらかでも貢献できる見込みがあるとするなら、そのために努力する義務があると考えても不思議ではないだろう。★

★原注　この論文の著者であるわたしは、〈功利主義者〉（ユティリタリアン）という言葉を初めて使い出した者であることを自認するだけの十分な理由がある。ただしわたしがこの言葉を新たに造語したわけではなく、ゴールト氏の著作『教区年代記』にたまたま使われていた表現を借用したのである。わたしとその他の数人の人物は数年にわたってこの言葉を使っていたが、次第に党派的な旗印やスローガンのようなものに嫌気がさしてきて、この言葉は使わなくなったのだった。それでもこの〈功利主義者〉という言葉は、功利の原理を使っているさまざまな立場の人々を総称するための言葉としてではなく、たんに功利主義の原理を基準とみなしている人々を呼ぶ名称としては、これまでになかった言葉であり、多くの場合に面倒な回りくどい言葉で表現するのを避けるためには、役立つものなのである。

功利主義の原理の核心

「功利」すなわち「最大幸福の原理」を道徳の基礎とみなしている立場の人々からすれば、正しい行為とは幸福を増進する傾向をそなえているもののことであり、不正な行為とは幸福ではないものを生み出す傾向をそなえているもののことである。幸福であるということは快楽を獲得するということであり、苦痛から免れているということである。不幸であるということは苦痛に悩まされるということであり、快楽を奪われているということである。

この理論によって定められた道徳の基準について明確に示すためには、まだ多くのことを語らなければならない。とくに苦痛と快楽の観念にはどのようなものが含まれているのか、この基準についてどのような未解決の問題が残されているかについて、語らなければならない。しかしこのような補足的な説明がまだ必要であるということは、功利主義という道徳理論の基礎となっている人生観そのものに影響するわけではない。この人生観によると、人生における望ましい目的は、快楽を獲得し、苦痛から免れることだけである。そして人生において望ましいものは（他の多くの体系と同じように功利主義の体系においても、このような望ましいものはいくつも存在する）、そのもの自体に快楽が固有なものとして含まれているか、快楽を増進し苦痛を防止するための手段として望ましいかのいずれかである。

豚の幸福と人間の幸福

ところがこのような人生観は多くの人々に、とくに感情や生きる目的からみてもっとも尊敬すべき人々のうちに、抜き難い嫌悪感を生み出している。こうした人々の語るところによると、人生における最高の目的が快楽であると考えることは、そして欲望の実現と快楽の追求よりも望ましい高貴な目的はないと考えることは、きわめてあさましく下劣なことであり、豚にしかふさわしくない理論であるという。古代においてエピクロス派の人々は、このような卑しさを表現する豚という言葉で呼ばれたのだった。現代でもドイツやフランスやイギリスの批判的な人々は、功利主義の理論を主張する人々を、同じように豚という〈上品な〉比喩によって攻撃しているのである。

エピクロス派の人々はこのように攻撃されたときには、人間性を下劣なものとみなしているのは自分たちではなく、自分たちを非難している人々のほうだと反論するのがつねだった。というのもこのような非難は、人間は豚にとって可能な快楽しか享受できないと想定しているからである。もしもこのような想定が正しいのであれば、このような非難は反論できないものとなるが、その代わりにこれはもはや非難というものではなくなってしまう。というのも人間にとっても豚にとっても同じものが快楽をもたらすのであれば、人間の善い生き方について言えることは豚の善い生き方についても言えることになるはずだからである。

ところが人間というものは、獣が享受できる快楽によって幸福になれるわけではないから、エピクロス派の哲学者たちの生き方を豚のような獣の生き方と同じようなものであると主張するのは、下劣な考え方であるとしか思えない。人間には動物の欲求よりも高尚な能力がそなわっている。だからこそ自分にそのような高尚な能力があることに気づいた人なら、そうした能力を十分に働かせることができないのであれば、自分が幸福であるとは考えないであろう。

エピクロス派の哲学者たちは、功利主義的な原則から一連の結論を引き出したのであるが、そのやり方にまったく問題がなかったとは言えないであろう。そこから満足できるような結論を引き出すためには、ストア派とキリスト教の要素の多くを取り入れる必要があっただろう。それでもわたしたちに伝えられているどのようなエピクロス派の人生観においても、知性や感情や想像力や道徳的な感情からえられる快楽は、たんなる身体的な感覚の快楽よりもつねに高い位置を与えられていたのである。

ただし多くの功利主義の理論家たちは、身体的な快楽よりも精神的な快楽を重視しているものの、その理由としては精神的な快楽には持続性や安全性や獲得する費用の低さなど、多くの利点がそなわっていることにあると考えている。ただしこれらは精神的な快楽に固有の性質ではなく、むしろそれに付随する利点なのである。

功利主義の理論家たちのこれらの主張の正しさは十分に示されているが、彼らは自分たちの論拠としてもっと高尚な論拠を提示することができたはずだし、それによって理論的な一貫性が損なわれることはなかったはずなのである。ある特定の快楽よりも望ましく、価値の高い種類の快楽が存在するという事実を認めることは、功利主義の原理を損ねることにはならない。そもそもその他のあらゆるものごとの評価においては量だけではなく質も考慮に入れているのに、快楽の評価に際しては量だけを考慮に入れるというのは理に適わないことであろう。

快楽における質の問題

もしも快楽における質の違いとはどのような意味なのか、ある快楽が他の快楽と比較して、量の多さとは異なるどのような要素によって高い価値を獲得するようになるのかと尋ねられたならば、次のように答えるしかないだろう。二つの快楽の両方を経験しているすべての人、あるいはほとんどすべての人が断乎として選ぶ快楽こそが、望ましい快楽なのである（ただし道徳的な義務の感情のために片方の快楽を選ぶべきであるとされる場合は例外である）。

両方の快楽について熟知している人々が片方の快楽よりも他方の快楽を高く評価していて、たとえ片方の快楽よりも大きな不満が伴うものであったとしても、その快楽を選択するのであれば、あるいは別の快楽の方が量が多いとしても、その快楽の性質のために高く評価している快楽を放棄するつもりがないのであれば、こうした人々が選ぶ快楽の方が、他の快楽よりも質的に優れたものであると考えることができる。このような場合にはその快楽の性質は、比較の際に量の問題をほとんど無視できるほど優れていることになる。

豚とソクラテス

両方の種類の快楽について十分に熟知していて、どちらの快楽も評価することができ、実際に経験している人々が選ぶのは、自分の持っている高級な能力を働かせることのできるような生き方であるのは疑いようのない事実である。ほとんどすべての人は、どれほど多くの動物的な快楽を与えられると約束されたとしても、下等な動物のような生き方をすることに同意することはないだろう。知的な人物であれば、愚かな人々や学問のない人々や悪人が、自分の境遇に十分に満足していると聞かされたとしても、愚かな人間になることに同意することはないだろう。教育のある人は、無学な人になりたいとは思わないだろうし、思いやりのある良心的な人は、利己的で下劣な人間になりたいとは思わないだろう。こうした人であれば、たとえ下劣な人と同じような欲望を持っていたとしても、そしてこうした欲望を十分に満たせると約束されたとしても、こうした下劣な人々にそなわっていないものを放棄しようとはしないだろう。

もしもそうした人々がそのようなことを考えるとすれば、それは極度の不幸な状態から逃れたいと願うような場合だけだろう。自分からみてどれほど望ましくない境遇でも、今の境遇から逃れられるのならば、ぜひとも受け入れたいと考えるような場合だけだろう。優れた能力を持っている人は、劣った能力しか持っていない人よりも幸福になるためには多くのものを必要とするものである。苦痛に対する感受性も高いだろうし、より多くの点で苦痛を感じることであろう。それでもこのような負担のもとでも、そうした人が下劣だと考える状態に自ら落ち込もうとするようなことはないだろう。

こうした人々がそのように振る舞う理由については、さまざまに説明できるだろう。それは自分への誇りのためであるかもしれない。ただし誇りという言葉は、人間の持ちうるもっとも尊敬すべき感情について語られることも、もっとも尊敬すべきでない感情について語られることもある。あるいは自由と人格的な独立を愛するためであるかもしれない。これはストア派の哲学者たちが、下劣な生き方を避けようとする気持ちを強めるためにもっとも効果的な論拠として採用したものである。あるいは権力への愛とか高揚した気分への愛のためであるかもしれない。このような愛のために、自分は下劣な生き方をしたくないという気持ちが強まることもあるだろう。

しかしもっとも適切な理由は、尊厳の感覚のためであるだろう。この尊厳の感覚はすべての人間にそなわるものであって、こうした感覚は、その人の高度な能力の量に応じて（正確に比例するものではないかもしれないが）、その人にそなわっているものである。この感覚の強い人にとっては、幸福になるためにはこの尊厳の感覚が不可欠なのであって、一時的な迷いを別とすれば、この感覚を損ねるものが欲求の対象となることなどはありえない。

［下劣な快楽よりも高級な快楽を］選択する場合には幸福が犠牲になると考える人であれば、同じような環境においては優れた人は劣った人よりも幸福ではないだろうと考えるかもしれない。ただしこうした考え方は、幸福と満足という二つのつねに異なる観念を混同しているのである。たしかに下劣な快楽だけで満足する人であれば、その人の持つ欲求が満たされる可能性はつねに高いのは確かだろう。そして高度な能力をそなえた人にとっては、この世の現状では自分の追い求めている幸福を完全な形では手に入れることができないと考えるのも確かな

ことだろう。

しかしこうした人でも、不完全な形でしか手に入らない幸福でも満足することを学ぶことはできるのであり（それが満足できる範囲のものであればのことであるが）、そうした幸福が不完全なものであるからといって、それが不完全なものであることにまったく気づかない人々を羨ましいと思うことはないだろう。こうした人は、そうした幸福が不完全なものであることを認識できない人々を羨ましく思ったりしないからである。満足した豚であるよりも、満足しない人間であるほうがましである。満足した愚か者であるよりも、満足しないソクラテスであるほうが好ましい。豚や愚かな人々はこれには同意しないだろうが、それはこうした人々は自分にかかわる側面しか理解していないからである。これに対して高度な能力を持つ人々は、これらの両方の側面を理解しているのである。

この議論への反論

あるいはこうした議論に対して、高級な快楽を味わえる人の多くは、ときには誘惑されて、高級な快楽を捨てて低級な快楽を選ぶことがあるのではないかと反論されるかもしれない。ただしこのような選択が行われるとしても、それは高級な快楽がもともと優れたものであるという評価と矛盾するものではない。性格の弱さのために、価値の低いものであることを知りながら、手近にある善を選ぶことは多いものである。このような選択は、身体的な快楽と精神的な快楽のどちらを選ぶかという場合だけではなく、身体的な二つの快楽のどちらを選ぶかという場合にも起こるものである。健康であることがより大きな善であることを知っていながらも、性的な欲望にそそのかされて健康を損ねるということはありうることだ。

別の反論として、若い頃にはあらゆる高貴なものに情熱を注ぐような人も、年を取るとやがては怠惰になり、利己的になるものだという意見もあるだろう。ただしわたしには、このようなありきたりの変化を遂げた人も、自ら進んで高級な快楽よりも低級な快楽を選ぶとは思えない。こうした人はもはや高級な快楽を享受できなくなっているために、低級な快楽に身を委ねるようになっただけのことである。高貴な感情を味わうことのできる能力はきわめて繊細な植物と同じようなものであり、雨風にさらされなくても、栄養が足りなくなっただけですぐに枯れてしまうものである。若者たちの多くは、社会に出て職業に就き、その職業にふさわしい社交に専念するようになると、そうした高貴な感情を味わえる能力を維持するのに望ましい環境が失われてしまい、こうした能力はたちまち消滅してしまうものなのである。

人々は知的な趣味を喪失すると、高い向上心を失ってしまう。このような知的な趣味に専念するための時間も機会も失われるからである。やがて人々は低級な快楽に身を委ねるようになるが、それは意図的にこうした快楽を選ぶからではなく、こうした快楽しか手に入らないためであるか、もはやこうした快楽しか味わうことができないためである。これまでに、高級な快楽と低級な快楽の両方を選択しうる立場にあって、両方の違いを認識することができるのに、平然と低級な快楽を選んだ人がいただろうか。ただしどのような年齢にあっても、低級な快楽と高級な快楽の両方を味わおうとして挫折してしまう人が多いこともたしかである。

判断を下す資格

この問題について判断を下せる人がこのように判断した後では、もはや異議を申し立てる余地は残されていないと思う。というのも高級な快楽を選択する生き方と低級な快楽を選択する生き方のどちらを選ぶべきであるかという問いや、道徳的な性質や帰結の問題とは別に、さまざまな感情にとってこの二つの生き方のどちらが好ましいかという問いについては、この両方の生き方について熟知している人々の判断こそが最終的なものとして認められなければならないのである。もしもこうした人々のあいだで意見が分かれた場合には、大多数の人々の意見を最終的なものとして認めなければならない。

快楽の質に関するこの判断を受け入れるのに躊躇する必要はない。快楽の量の問題についてであっても、他に判断を委ねるべき人はいないのであるから、なおさらのことである。もしも二つの苦痛のうちのどちらが激しいものであるか、あるいは快楽をもたらす二つの感情のうちでどちらが強いものであるかを決めようとするのであれば、そうした二つのものを両方とも熟知している人々の全体の意見を問いただすほかに、どのような方法があるというのだろうか。

苦痛というものも快楽というものも、性質はさまざまに異なるものであり、そもそも苦痛と快楽ではその質が異なる。ある特定の快楽の享受にはかならず特定の苦痛が伴うときに、あえてその快楽を享受する価値があるかどうかについて判断しようとするのであれば、そうした苦痛や快楽をすでに経験したことのある人々の感情や判断に問うほかにどのような方法があるというのだろうか。そのような人々の判断によって、高度な能力と結びついていない動物的な性質の快楽と比較したときに、高度な能力によって生まれてくる快楽の方が、その強さは別としても、その種類からして望ましいことが明らかにされている場合には、こうした判断は尊重されるべきなのである。

功利主義の基準

これまでこれらの問題を詳しく論じてきたのは、人間の行為を導く規則としての「功利」あるいは「幸福」の概念を正確に規定するためには、これらの問題について検討しておく必要があったからである。ただしこれらの問題についての考察は功利主義という基準を採用するかどうかを決めるための必要不可欠な条件であるわけではない。というのも功利主義の基準は、行為者自身の幸福が最大になるかどうかではなく、すべての人々の幸福を総計した全体の幸福が最大になるかどうかだからである。

高貴な性格の人物が、その性格の高貴さによってつねに他人よりも幸福でありうるかどうかは疑わしいかもしれないが、そのような人物の高貴な性格によって、ほかの人々が幸福になるということ、世間一般がそれによってきわめて大きな恩恵を受けるということには、疑問の余地はない。だからこそ高貴な性格が世の中で善なるものとして育まれることによって、初めて功利主義の目的が実現できるようになるのである。たとえ個々の人々は、他人の高貴な性格のおかげで幸福になっているとしても、そしてその人が高貴な性格であることによって、その人の幸福は損ねられるとしても、このことに変わりはない。ただしこのような想定が非現実的なものであることは、はっきりと言葉で表現してみればすぐに分かることであるから、反論する必要もないだろう。

人生の目的の判断

これまで説明してきたような「最大幸福の原理」によると、質と量のどちらの側面においても、できる限り苦痛から免除され、できる限り多くの快楽が享受できる豊かな生活を実現することこそが究極の目的である。この究極の目的のほかにどのような望ましいものがあるとしても、そしてわたしたち自身にとっての善を考えるか、他人にもたらされる善を考えるかにかかわらず、そのような望ましいものはこうした究極的な目的との関わりにおいてこそ、そしてこのような究極的な目的をめざしている場合に限ってのみ、望ましいものとなるのである。

こうした快楽や苦痛の質を判定するための試金石となるのは、そして快楽の量との比較において質を評価するための規則となるのは、こうした比較を行うための手段をもっとも多くそなえた人々が、これまでそうした快楽や苦痛について経験する機会を持ったうえで、何を好ましいと判断するかということである。ただしそうした人々は経験だけではなく、自分自身を意識し、反省する習慣をそなえている必要があるだろう。

功利主義者の見解によると、これこそが人間の行為の目的なのであるから、それが道徳の基準とならねばならないのは必然的なことである。道徳の基準をこのように定めるならば、そしてこのようにして人間の行為に関する規則や掟が定められ、遵守されるならば、すでに述べたような生き方がすべての人にできる限り可能な形で保証されることになるだろう。そして人間だけではなく、ものごとの性格によって可能な範囲で、感情をそなえたすべての生物に、このような生き方が保証されるようになるだろう。

功利主義への別の反論

ところでこのような功利主義の理論に対しては、別の種類の反論が提起されることもある。こうした反論によると、どのような形のものであるにしても幸福というものは人間の生活と行為の合理的な目的となることはできないという。というのもそもそも幸福を実現することはできないからだという。そしてこうした反論を唱える人々は、あなたにはどのような権利があって幸福になろうとするのかと、いかにも見下げたような態度で反論するのである。

カーライル氏は次のように問いかけることで、さらに厳しい姿勢をとったのだった。すなわち「しばらく前までお前には、存在する権利さえなかったのだ[*2]」と指摘するのである。この原理に反論する人々はさらに、「人間は幸福にならなくても生きていけるものである。高貴な人々は誰もがそのように感じていたのであり、自己の放棄（エントザーゲン）という教訓を学んだことによって人々は高貴になれる。この教訓を徹底的に学び、それに従うことが、すべての美徳の始まりであり、必要条件である」と断言するのである。

この反論の最初の部分、すなわち人間は幸福になりえないという主張は、それが根拠を持つものであれば、この問題の核心をつくものとなるだろう。というのは人間がそもそも幸福になりえないのであれば、幸福になるということは道徳の目的にはなりえないのであり、それが

＊2　トマス・カーライル（一七九五〜一八八一）は、一九世紀イギリスの歴史家で評論家であり、ミルとは多数の書簡のやりとりがある。カーライルは人間には幸福になる権利があると考えるのは人間のうぬぼれであると主張し、次のように指摘する。「おまえが幸福になるべしというどんな議会の法令があるか。ほんの少し前までおまえはまったく存在する権利さえもたなかった。おまえは幸福でなく不幸であるように生まれながらに予定されているとすればどうであるか」（カーライル『衣装哲学』石田憲次訳、岩波文庫、二六三ページ）。

人間のどのような合理的な行為の目的になることも、ありえないからである。

ただしたとえこのような主張を認めたとしても、功利主義の理論を弁護する余地は残されている。功利主義が目指しているのはたんに幸福を追求することだけではなく、不幸にならないようにすることや不幸をできるだけ小さなものとすることも目指しているからである。だからこそ幸福を追求するという目的が幻想にすぎないものだとしても、不幸を防ぎ、不幸を小さなものにするという意図が実現されるべき範囲はそれだけいっそう大きくなり、この意図はさらに切実に必要とされるようになるだろう。少なくとも人々が生きることは有意義なことと考える限りは、そしてノヴァーリスが勧めたように、特定の条件が発生した場合には、人類はいっせいに自殺することによってこの世における苦難から逃れるべきであると考えない限りは、そうした意図は必要とされるのである。*3

しかし人間の一生が幸福であることはありえないという主張も、これほどまでにあからさまに述べられると、こじつけではないとしてもやはり誇張に思える。幸福であるということが、きわめて強い快感がかきたてられた状態がずっと維持されるということであれば、そのようなことがありえないのは明らかである。快感が高まった状態というものはごく短い間しかつづかないものであり、数日あるいは数時間ほど断続的な形で現れるにすぎない。こうした快感は時にひらめくように訪れるだけであり、永続的な炎のようなものでも、長続きする炎のようなものでもないのである。

このことについては人生の目的が幸福であると説いた哲学者たちも、そうした哲学者たちを嘲笑した人々も、よく弁えていたことである。こうした哲学者の説いた幸福とは、歓喜の状態がつづく人生を送ることではなかった。幸福な人生とは、時にわずかな一時的な苦痛に見舞われることはあっても、さまざまな多くの快楽を味わうことのできる生き方であり、能動的な快楽が受動的な快楽よりも圧倒的な優位を占めるような生き方であった。こうした快楽が人生全体の土台をなしているのが幸福な生き方なのであって、ふつうの人生がもたらすことのでき

＊3　ノヴァーリスは自殺を「真に哲学的な行為」と呼び、「死はわたしたちの生をロマン的なものにする原理である」と日記に記している。

るものよりも多くの快楽を望むようなことはなかったのである。

このような人生を運よく手に入れることができた人にとっては、人生はつねに幸福の名に値するものと思われたのである。そして現在にあっても人生のかなりの期間をつうじて、このような生き方に恵まれている人は多い。ほとんどすべての人がこのような生き方をできるはずなのに、現在の惨めな教育や社会制度のために、それが妨げられているだけなのである。

人生の目的としての幸福

このような考え方に反対する人々はおそらく、もしも人生の目的がこのような幸福にあると教えられたとしても、人間というものはこうした控えめな幸福では満足できないものだと主張するかもしれない。ところが人類の大多数の人々はこれよりもはるかにつつましい幸福でも満足してきたのである。

人々が自分の人生に満足することができるために必要なのは、平静な気分で生きること、あるいは高揚した気分で生きることである。このどちらか片方の気分だけでも、幸福になるという目的を実現するには十分なものと思われる。平静な気分に満たされていれば、快楽が少なくても満足することができるだろう。高揚した気分が強ければ、かなり強い苦痛に見舞われても耐えることができるだろう。大多数の人々がこの両方の気分で満たされているということも、ありえないことではない。この二つの気分は両立しえないものではなく、ごく自然な形で結びつくこともありうるからである。片方の気分が長くつづけば、他方の気分が生まれる準備ができるし、他方の気分が生まれることを望むようになるものである。平静な気分が長くつづいた後で、高揚した気分が生まれることを望まないのは、怠惰であることが習慣になって、ついにはそれが悪徳になってしまった人だけである。高揚した気分の後に生じる平静な気分を、それまでの高揚した気分に比例した形で楽しいものと感じることがなく、退屈で気の抜けたものであると感じるのは、病的なまでに高揚した気分を求める習慣のついてしまった人だけである。

　もしも人生においてまずまずの幸運に恵まれているようにみえる人々が、十分な喜びを享受しながらもそれを価値あるものと考えられないとすれば、それは一般にそうした人々が他人のことを考えず自分のことばかりを考えているからである。自分の身の回りの人々を愛することもなく、社会全般について愛情を抱くこともないような人には、あまり高揚した気分は生まれないものであり、死が近づいてすべての利己的な関心が失われるようになるまで、あらゆる物事の価値は次第に小さくなっていくだけなのである。これに対して自分が死んだ後までも自分の愛したものを残しておこうとする人々、とくに人類全体の利益についての同胞感情を育んできたような人々は、死の直前にいたるまで、若くて健康だった頃と同じような溌剌とした関心を人生に対して抱きつづけるものである。

人々が自分の人生に満足できなくなる大きな原因としては、利己的な考え方を別にすれば、知的な陶冶の欠如が挙げられる。陶冶された知性といっても哲学者の知性のようなものではなく、知識の泉から流れ出してくれるものを受け入れようとする姿勢をそなえているような人の知性のことであり、知的な能力を働かせるための教育をしっかりと受けている人の知性のことである。このような知性をそなえた人であれば自分の周囲のもののうちに尽きることのない関心の源泉をみいだすものである。そうした人は、自然の事物のうちにも、芸術作品にも、詩の作品のもたらす虚構の世界にも、歴史の出来事にも、過去と現在における人々の生き方にも、将来の展望にも、興味を抱きつづけることだろう。

たしかにこれらのすべてのことに無関心になってしまう人もいるし、その千分の一も知ることなしに、興味を失ってしまう人もいることだろう。しかしそのような人は最初からこうしたものごとに対する道徳的な関心も人間的な関心も持ち合わせていないのであり、たんに好奇心だけからこうしたものごとを追い求めていたにすぎなかったのである。

人生の苦難の克服

ものごとの自然なありかたからして、このような事柄に思索をつづけようとする知的な関心を抱く精神的な教養が、文明国に生まれてくるすべての人々に受け継がれないとは、どうしても考えられない。それはすべての人が自己中心的な利己主義者になってしまうとか、どのような感情も他者への配慮も喪失して、自分の惨めな個性だけに心を奪われてしまうのはどうしても避けられないなどということが、まったくありえないのと同じである。現在においても一般にこれよりもまともな状態が確認されているのであり、それが人類がこれからどうなっていくのかを示す十分な前兆となっている。

まともに教育された人間であれば、程度の差はあっても純粋に個人的な愛情や公的な善にたいして、誠実な関心を持てるものである。世界のうちにこれほどまでに多くの興味深いものがあり、これほどまでに楽しいものがあり、これほどまでに改革して改善すべきものがあることを考えれば、これまで述べてきたようなある程度の道徳的な条件と知的な素質をそなえた人であれば誰もが、羨ましいと思われるような生き方をなしうるのである。そのような人であれば必ずや、他人から羨まれるような生き方をみつけることができるだろう。ほんとうはすぐにでも幸福になれるはずなのに、悪い法律のために、あるいは他人の意向に従ったために、幸福になる機会を活用する自由が認められない状況に置かれるのでない限り、そのような生き方をみいだすことができるだろう。あるいは貧困や病気に苦しめられたり、愛する相手が冷淡であったり、不徳な人間であったり、早死にしてしまったりするような明らかな苦難のために、人生が損ねられてしまわない限り、そのような生き方をみいだすことができるはずである。だからこそこのような苦難と戦うことが必要であることを何よりも強調しなければならないのである。

ただしこのような災難から完全に守られているという幸運に恵まれるのはごく稀なことであるし、現在の状態からみてもこうした災難を防げないこと、そしてその害悪を大幅に軽減できないこともたしかである。それでも世の中の大きな害悪のほとんどは取り除くことができるものであり、人生において改善がつづけられれば、このような害悪は最終的には狭い範囲に限られたものになるだろう。これはまともな考え方をする人であれば誰にとっても、疑問の余地のないことなのだ。

貧困というものはどのような意味でも苦痛なものであるが、人々の良識や配慮に支えられた社会的な知恵によって、やがては完全に撲滅することができるだろう。人類にとって最悪の害悪とでも呼ぶべき病気もまた、身体的な訓練と精神的な教育によって、さらに有害な影響を適切に管理することによって、その害悪を限りなく減らすことができるだろう。他方で科学が進歩すれば、いずれはこの忌まわしい害悪である病気をもっと直接的に克服できるようになることが期待できる。科学が進歩するとともにわたしたちの生命が縮められる可能性が次第に少なくなるはずであり、さらに重要なことに、わたしたちの幸福が託されている人々の生命が病によって奪われる可能性もいくらかは小さくなるはずである。

運命の転変やこの世での境遇のために生まれる失望というものは、人間の思慮の欠如や欲望の抑制のまずさ、あるいは社会制度の悪さや不完全さによるものであることが多い。要するに人間の苦悩の大きな原因のほとんどあるいはすべては、ある程度まではわたしたちの配慮と努力によって克服できる。ただしこのような苦悩の原因を取り除く作業の進み具合は、残念ながら遅々たるものである。こうした苦悩が完全に克服され、意志と知識さえあれば改善できるはずのこの世の害悪が実際に取り除かれるまでには、まだ長い年月にわたって、何世代もの人々が苦しみのうちに死んでいかねばならないだろう。このための努力に参加するだけの知性と寛大さをそなえたすべての人は、たとえわずかで目立たないほどしか貢献できないとしてもそのための戦いに加わることに、高貴な喜びを感じることになるだろうし、どのような利己的な満足を与えられると約束されても、この喜びを手放そうとはしないだろう。

幸福を断念する行為の目的

これまで考察してきたことによって、幸福を求めずに行為することは可能であり、そのように行為することを学ぶことは義務であると言う［功利主義への］反対者たちの議論を正確に評価できるようになった。たしかに幸福を求めずに行為することは可能であり、このことに疑問の余地はない。それに二〇人の人がいればそのうちの一九人は、望まずにもそのように振る舞っているのである。世界のうちで野蛮からもっとも抜け出した文明化された地域にあってさえ、そうなのである。さらに英雄や殉教者たちも、自分の個人的な幸福よりも大切だと考えるもののために、自ら進んでそのように行為せざるをえないことも多い。しかしそうした人々が自分の個人的な幸福よりも大切だと考えているものはどのようなものだろうか、それは自分以外の人々の幸福や、そうした人々の幸福に必要とされるものではないだろうか。

自分の幸福を実現することを、その可能性を含めて断念してしまうというのは、高貴なことである。それでも結局のところ、こうした自己犠牲もまた何らかの目的を目指して行われるのであり、自己犠牲そのものが目的ではありえない。もしもその目的が幸福ではなく美徳であるとされるのであれば、そして美徳は幸福よりも望ましいものであるとされるのであれば、次のように問いかけたい。英雄や殉教者たちが自己犠牲を行ったのは、他の人々が同じように犠牲にならないですむからだと考えたのではないだろうか。もしも自分の幸福を断念する行為が、ほかの誰にも善きものをもたらさず、それどころかほかのすべての人も自分と同じような自己犠牲を強いられて、自分自身の幸福を断念しなければならなくなるのであれば、こうした人々はそのような自己犠牲をしただろうか。

　人生において自分の個人的な楽しみを放棄することによって、世の中の全体の幸福の量を増やせると考えて、そのような個人的な楽しみを放棄することができる人々は、その名誉を称えられるべきであろう。しかしそれ以外の目的で自分の個人的な楽しみを放棄する人々は、あるいはそのような目的のために自分の個人的な楽しみを放棄すると宣言するような人々は、「苦しみのために苦しみを求めて」柱の上で苦行した「五世紀の柱上苦行者シメオンのような」苦行僧と同じようなものであり、賞賛に値するものではない。このような人々は人間が何をなしうるかを教えてくれるという意味では興味深い実例となるが、人間が何をなすべきかを示す模範とはならないのは確実である。

自己犠牲の目的

ある人が他の人々の幸福のために最善を尽くそうとすれば、自分自身の幸福のすべてを犠牲にするしかないのであれば、それは世の中の仕組みがきわめて不完全なためなのである。世の中の仕組みがそのように不完全なものであるかぎり、このような自己犠牲を捧げる用意があるということは、人間にとっての最高の徳であることに間違いはない。わたしはそのことを十分に認めたいと思う。逆説的な表現になってしまうが、世界がそのような不完全なものであるかぎり、人々が自分の幸福を求めずに他者の幸福を求めて行為しうるということそのものが、このような幸福を実現するための最善の見通しを与えてくれるものであることも、認めておきたい。

というのはこのように他者の幸福を求めて行為するという意識こそが、最悪の運命や偶然によって屈服させられることはないという自分の力を実感させてくれるのであり、それによって人々は人生の巡り合わせにも超然としていることができるからである。そしてそうした力を実感することによって、人生がもたらす災厄に心配しすぎることから解放されるのである。そうすればローマ帝国の最悪の時期に生きていたストア派の多くの哲学者たちと同じように、自分が手に入れることのできる範囲で自分に満足を与えてくれるものを心穏やかに育《はぐく》むことができるようになる。そうすれば、このような災厄がいつまでつづくのかとか、このような災厄はきっと終わるに違いないとかいったことには、心を煩わせなくなるのである。

功利主義は自己犠牲をどのように考えるか

他方で功利主義者たるものは、ストア派の哲学者や先験的な哲学者と同じように、自分たちにもこのような自己犠牲の徳の高さがそなわっていると主張しつづけなければならない。功利主義の道徳論はたしかに、人間にはほかの人々の善のために自分自身の最大の善を犠牲にする能力があることを認めている。功利主義者が認めようとしないのは、自己犠牲そのものが善であると考えることである。功利主義の道徳論では、［社会全体の］幸福の総量を増加させないか、増加させる傾向のない自己犠牲は虚しいと考える。功利主義の道徳論において称賛される自己放棄は、他人の幸福や幸福の手段となるものを実現するために行われるものに限られる。ここで他人というのは人々の集団であってもよいし、人類の集団的な利益の向上のために定められた制約の範囲において、複数の個人であってもよいのである。

功利主義の道徳体系の命じるもの

ここで功利主義者を攻撃する人々が不当にも認めようとしないことについて、繰り返し指摘しておかなければならない。功利主義においては行為の正しさを決定する基準を幸福であると考えているが、この幸福とは行為するその人本人の幸福ではなく、その行為にかかわるすべての人の幸福なのである。功利主義において、行為するその人に求められているのは、自分自身の幸福と他人の幸福を比較考量する際に、利害関係のない善意の観察者と同じように公平に判断

*4　ミルの語る「先験的な哲学者」（トランスセンデンタリスト）という言葉は、人間に道徳的な感情や判断力が生まれながらにそなわっていると考える人々のことである。

することである。ナザレのイエスは「自分がして欲しいことを他人にもせよ」と語り、「自分を愛するように隣人を愛せ」と語ったのであるが、[*5] この黄金律には功利主義の道徳律が完璧な形で示されているのであり、これは功利主義の道徳が究極の理想とするところである。この理想を実現するための最短の道として、功利主義は次のことを求める。

第一に功利主義は、法律と社会的な取り決めにおいては、あらゆる個人の幸福を、そして実務的な表現をすればあらゆる個人の利益を、できるかぎり全体の利益と調和するようにすることを求める。

第二に功利主義は、教育と世論は人間の性格につねに大きな力を及ぼすものであることを考慮して、あらゆる個人の精神のうちにおいて、自分自身の幸福と全体の人々の善とが、切り離しがたい形で強く結びつくようにすることを求める。とくに行為することを求めるか、行為しないことを求めるかのいずれにしても、社会全体の幸福を実現するために求められる行為のあり方と自分自身の幸福とを強く結びつけて考えることを求めるのである。そうすれば、自分自身の幸福はつねに、社会全体の幸福に反する行為をすることで確保できるなどとは考えなくなるだろうし、社会全体の善を増進しようとする直接的な衝動が、あらゆる人の行為の習慣的な動機となるだろう。そしてこのような衝動と結びついたさまざまな感情が、すべての人の生活の情緒において、顕著な地位を占めることになるだろう。

功利主義の道徳を非難する人々も、功利主義の道徳の正しい性質を心の中で思い浮かべてみれば、功利主義の道徳には、その他の道徳にそなわっているような長所が欠けているなどとは主張できなくなるだろう。功利主義の倫理体系ほど、人間の本性をきわめて高尚なところまで引き上げて発展させてくれるものは思いつかないのである。さらにその他の倫理体系において目指すところを実現するために利用しうる人間の行為の動機において、功利主義の倫理体系で活用できないものがあるとも思えないのである。

＊5　「マタイによる福音書」七章一二節では「人にしてもらいたいと思うことは何でも、あなたがたも人にしなさい」と説き、二二章三九節では「隣人を自分のように愛しなさい」と説いている。

行為の規則と動機の違い

功利主義に反対する人々がつねに、功利主義を恥ずべきものとみなしていると非難することはできない。それどころか功利主義の公平無私な性格を正しく把握している人々のうちには、功利主義の欠陥は、人類にとって高尚すぎる基準を定めていることにあると考えている人もいるくらいである。こうした人々によると功利主義は、行為するにあたってつねに社会全体の利益を増進するという動機を採用することを求めているが、この要求は人類にとっては過大な要求だというのである。しかしこのような非難は、道徳の基準とはどのようなものであるかについての誤解から生まれたものであり、行為の規則と行為の動機とを混同しているのである。

倫理学が目指しているのは、わたしたちの義務とはどのようなものであるかを示すことであり、そのような義務をどのような基準で判別するかを示すことである。しかしどのような倫理体系も、あらゆる行為の動機がつねに義務の感情に動かされていることを求めたりはしない。それどころかわたしたちの行為の九九パーセントは、義務の感情とは異なる動機によって行われるものであり、そのような行為も義務の規則に反していなければ、正しい行為とみなされる。

功利主義の道徳を主張する人々は、行為の動機は行為の道徳性とはかかわりのないものであり、行為する本人の価値と結びついたものであることを主張するだけであり、そのことではほかのほとんどすべての道徳体系を主張する人々と変わりはない。だからこそこのような非難が功利主義に対する反対論の根拠とされるのは、何とも公平さに欠けるというものである。溺れている人を助けようとする人は、その動機が義務であろうと、報酬を目当てとするものであろうと、道徳的に正しい行為をしているのである。自分を信じている友人を裏切る人は、その友人よりも大きな恩を感じている人のために裏切るのだとしても、やはり罪を犯しているのである。★

★**原注**　功利主義に反対するある論者（J・ルーウェリン・デイヴィス師）[*6]は、知的にも道徳的にも公正な人物であり（わたしはそのことを喜んで認めるものである）、この一節に対して次のように述べている。「溺れている人を助けるのが正しいことであるか悪いことであるかは、そ

＊6　ジョン・ルーウェリン・デーヴィス（一八二六～一九一六）はイギリスの聖職者で著述家。貧困や不平等の問題について発言したことで知られる。

れがどのような動機によって行われるかによって大きく左右されるものである。専制君主に敵対する人物が、その君主から逃れようとして海に飛び込んで溺れかけたときに、専制君主がその人を救助したとしよう。ただしそれは後にその人物にもっと過酷な拷問を加えるためであったとしよう。その場合にこの行為を〈道徳的に正しい行為〉と呼ぶことによって、問題は明確になるだろうか。倫理学においてよく議論される実例を挙げてみれば、ある人が友人の信頼を裏切ったのであるが、それはその友人自身あるいはその友人の身内の人をひどく傷つけることを防ぐためであったとしよう。功利主義の原則によると、このような裏切り行為も、きわめて忌まわしい動機から行われた場合と同じように、〈犯罪〉と呼ばなければならないのだろうか」。

わたしの考えるところでは、溺れかけている人を救助したとしてもそれがあとで拷問して殺害するためであった場合と、義務や慈愛の心から溺れかけている人を救助する場合では、動機が異なるだけではなく、行為そのものが違っているのである。ここで挙げられた実例では、溺れかけている人を救助するのは、そのまま放置して溺れさせるよりもはるかに残酷な拷問という行為を加えるために必要な最初の一歩であるにすぎない。もしもデーヴィス氏が「溺れかけている人を救助するのが正しいことであるか悪いことであるかは、それがどのような動機によって行われるかによって大きく左右される」と語るのではなく、「それがどのような意図によって行われるかによって大きく左右される」と語ったのであれば、すべての功利主義者はそのことに合意するだろう。これはありがちなことではあるが、デーヴィス氏は動機と意図という異なる観念を混同したのであり、これは大目に見ることのできない不注意なのである。ベンサムを初めとして功利主義の思想家たちは、まさにこの二つの観念の違いを説明するためにずいぶんと手間をかけたのである。行為の道徳性を決定するのは意図であって、行為する人が何をしようとしているかということである。しかし動機とは、行為する本人に行為しようと意識させる感情のことであって、行為そのものに違いが生じないのであれば、道徳性においてはいかなる違いももたらさない。ただし動機は、わたしたちが行為者をどのように道徳的に評価するかについては大きな違いをもたらす。とくに動機が習慣的な傾向性として、良い傾向や悪い傾向を示している場合、すなわち有益な行為や有害な行為をもたらす性格の傾向を示している場合には、道徳的な評価においては違いが生じるのである。

しかしここでは義務という動機によって、原理に直接に服従して遂行される行為について検討することにしよう。功利主義的な考え方においては、誰もが行為するにあたって世界や社会全般のような広い範囲のことをつねに考えていなければならないとされることが多いが、これはまったくの誤解である。善き行いの大半は、世の中の全体の利益を目指して行われるものではなく、世の中を構成している個人の利益を目指して行われるものである。そしてもっとも有徳な人にあっても、行為する際には特定の関係者について考察すればよいのであり、さらに広い範囲について考察する必要はない。ただし行為するにあたってこうした特定の関係者に利益を与えることによって、他の人々の権利を、すなわち正当で公認された利益を獲得できるという期待を損ねないことを確認する必要はある。

功利主義の倫理によれば、道徳的な行為の目的は幸福が増進されることである。ある一人の人が広い範囲にわたって幸福を増進させることができる力を持つのは、すなわち公衆の全体の幸福を増進させることができる力を持つのはごく稀なことであり、おそらく千人に一人の割合にすぎないだろう。公衆全体の功利について配慮しなければならないのは、このようなごくまれな場合に限られる。その他の場合においては行為する人はごく数人の幸福という私的な功利だけを考えていればよいのである。自分の行為が社会全体に影響するような立場にある人だけが、そのような大きな対象に配慮する習慣をつけることが求められるのである。

道徳的な配慮からある行為を控えなければならないことがあるとしても、そのような行為を控えることが有益なものであるのはごく特殊な場合に限られる。まともな知性をそなえた人であれば、すべての人がこのように振る舞ったならば社会全体に害がもたらされるのであり、そのことだけからもこのような行為を控えるべきであることを、認識できるはずである。このことを認識するにあたって人々がどの程度まで公的な利益に配慮しなければならないかは、どのような道徳体系においても同じように定められている。というのはどのような道徳体系にあっても社会に明らかに有害なことはすべて控えるように命じているからである。

功利主義に対する根拠のない非難

このことを考えれば、功利主義の理論に対してよく耳にする別の非難にも反論することができる。これは、功利主義の道徳基準を採用すると、人間は他者に対する共感に欠けた冷酷な人になってしまうと非難するものである。しかしこの非難では、道徳の基準にはどのような目的があるのか、正義と不正にはどのような意味があるのかについて大きな誤解をしているのであり、こうした誤解のために功利主義を咎めているのである。この非難では、功利主義の理論を採用すると、個々の人に対する道徳感情が冷淡なものになり、行為の結果についての非情で露骨な計算だけに注意を向けるようになり、道徳的に評価する際に、行為する人の資質を無視する傾向があると主張する。

もしもこのような非難が咎めているのが、ある行為が正しいかどうかを判断する際に、行為する人の素質を評価しないし、考慮することもないということであれば、これは功利主義に対する非難であるというよりも、そもそも何らかの道徳的な基準を持つことそのものに対する非難であろう。わたしたちに知られているどのような倫理的な基準においても、行為する人が善人であるか悪人であるかによって、その行為を善であるか悪であるかを判断することはない。ましてや行為する人が好人物であるか、勇敢な人であるか、慈悲深い人であるか、あるいはそれらに反対の性質を持つ人物であるかによって、行為の善悪を決めるようなことはしないのである。

これらの事柄を考慮に入れるのが適切なものとなるのは、行為を評価する際ではなく、行為した人物の人柄を評価する際においてである。ある人の行為を評価するにあたって、その行為の善悪のほかに、その行為をなした人物にそなわるその他の要素に関心をもつという事実は、功利主義の理論とはいささかも矛盾するものではない。たしかにストア派の哲学者たちは、言葉を逆説的な形で濫用するという方法を自分の体系の一部とすることで、有徳ではないあらゆる生き方に無関心であろうとした。そして美徳をそなえてさえいれば、必要なあらゆるものをもっているのであり、そうした人だけが豊かで、美しく、王者のような人物であると語るのを好んだのである。

しかし功利主義の理論では、有徳な人間についてこのような語り方をすることはない。功利主義者はさらに、有徳であることよりもほかに望ましい性質や資質があること認めているし、そうしたものの価値を十分に認識している。また、正しい行為が行われたからといって、行為者の性格が徳の高いものであるとはかぎらないこと、また称賛すべき資質をそなえた人物が、非難すべき行為を行うことが多いことも認めているのである。個々の事例でこうした状況が明らかになれば、行為そのものについての評価を変えることはないとしても、行為者に対する評価は変えられることになるだろう。

ただしここで指摘しておきたいのは、功利主義者というものは、長い目で見ればある人物が善良な性格をそなえていることを示す最善の証拠は、その人が善き行いをなしていることにあると考えるのであり、悪しき行為を生じさせる傾向のある精神的な素質を善なるものとみなすことは、断固として拒むのである。そのために功利主義者は多くの人々から不評をかっているが、こうした不評は、正義と不正との区別を明確にしようとするすべての人が引き受けなければならないものである。だからこそ、功利主義者であることを自認する人であれば、このような非難を退けようと務める必要はないのである。

道徳問題に関する功利主義の優位

功利主義の反対論者たちの批判するのが、多くの功利主義者は行為の道徳性が功利主義の基準によって判定されると主張しているものの、人間を愛すべきものや称賛すべきものとするようなその他の性格的な美点を十分に強調していないということだけにあるのであれば、このような批判は認めてもよいだろう。功利主義者たちが自分たちの道徳感情を育成することを重視するあまり、共感や芸術的な感受性を育成することを重視していないときには、このような過ちを犯すことがある。ただしこれは、同じような条件のもとで、すべての道徳論者が犯してきた過ちでもある。その他の道徳論者について語ることのできる弁明は、功利主義者についても語ることができる。実際のところ過ちが避けられないとしても、このような過ちはそれほど深刻なものではないと弁明できるのである。

実際のところ他の道徳体系の主唱者と同じように、功利主義の主唱者たちも、自分の基準を適用する際に厳格すぎたり緩やかでありすぎたりすることがあるのであり、そうしたあり方の違いは千差万別である。ピューリタン的と言えるほどに厳格に基準を適用する人もいるし、やましいところのある人や感傷的な人でも受け入れることのできるような穏やかな基準を適用する人もいる。

しかし全体的にみて、道徳規範に違反する行為を制止することや予防することによって人類に生まれる利益を重視する理論であれば、ほかのいかなる理論にも劣らず、このような違反には世論による制裁を向けようとするだろう。たしかに何が道徳規範に違反するものであるかを決めるにあたっては、それぞれ異なった道徳基準を採用する人々のあいだでは意見が異なることもあるだろう。しかし道徳問題に関する見解の違いは、功利主義者が初めてもたらした問題ではない。むしろ功利主義の理論は、このような意見の違いを解決するための明確でわかりやすい方法を提供するものなのである。たとえそれがつねにたやすく行える方法ではなかったとしてもである。

功利主義は無神論か

ここで功利主義的な倫理の理論についてよくみかける誤解についてさらに考察しておくのも、無駄なことではないだろう。こうした誤解は、それが誤解であることはすぐに分かるものであり、公平で知的な人ならこのような誤解をすることは考えられないのである。ここでこうした誤解について取り上げようとするのは、優れた知的な才能を持った人でも、先入観を抱いている場合には、自分の先入観に反する意見について、その内容を理解しようとせず、先入観のために陥っている自分の無知をあまり自覚しないことが多いからである。そのため高尚な原理と哲学のどちらにも習熟していると自負しているような人々が念入りに執筆した書物においても、倫理的な理論についてきわめて通俗的な誤解がみられるのも稀なことではないのである。

　功利主義に対する理論は神なしで済まそうとする理論であるという非難をよく耳にする。このような思い込みについて反論する必要があるとすれば、この問題は神の道徳的な性格についてわたしたちがどのように考えるかに左右されることを指摘しておけば十分だろう。真の信仰というものは、神は何よりもみずから創造したものの幸福を望んでいるのであり、創造の目的はまさにこれにあったと考えるものであろう。そう考えるならば功利主義の理論は、〈神なしで済まそう〉とする理論であるどころか、ほかのいかなる理論よりも深い宗教性をそなえた理論であると主張することができる。ただしこの非難が、功利主義者は神が啓示した意志を最高の道徳規範として認めていないと主張するものであるならば、わたしとしては次のことを指摘しておきたい。すなわち神の完全なる善性と叡智を信じる功利主義者であれば、神が道徳という主題について啓示すべきであると考えたことはすべて、功利主義の理論において最高度に必要とされている要件を満たしているに違いないと考えるはずである。

ただし功利主義者だけでなく多くの人々は、次のように考えている。すなわちイエス・キリストの示した啓示は、何が正しいものであるかについては、ごく一般的な形で語るだけのものであって、イエスの啓示はむしろ人々の心情と知性とに訴えかけて、人々が自分自身の力で何が正しいかをみいだせるようにするものである。そして人々がそのようなものをみいだしたあとでは、そうしたことを行おうとする気持ちにさせるものであり、そのために適したものとなっているのである。だから神の意志がどのようなものであったかを解釈することができるためには、わたしたちは注意深く神の意志に従うような倫理の理論を必要とするのである。

この見方が正しいものかどうかについて、ここで議論する必要はないだろう。というのも自然宗教であるか啓示宗教であるかを問わず、倫理の探求において役立つ宗教的なものは、功利主義の道徳理論においてもそのほかの道徳理論においても同じように利用できるものだからである。だからこそ功利主義者は、ある行為が有益であるか有害であるかを判断するために、神の啓示を神の証言として利用できるのである。これは他の道徳理論を主張する人々が、ある行為の有用性や幸福とまったく関係のない先験的な法則を示すものとして、神の啓示を利用できるのと同じことなのである。

功利主義は不道徳な理論か

また「功利」に対して「便宜」という名前がつけられ、通俗的な語り口では、この便宜という言葉は「原理」と対立して使われるために、功利主義の理論は不道徳な学説であるという烙印が押されることが多い。ところで「正義」と対立した意味で使われる「便宜」という言葉は、行為者自身の個人的な利益に役立つことという文脈で使われることが多い。たとえば大臣が自分の地位を守るために、国家の利益を犠牲にするような場合である。これよりもいくらかましな意味で使われるとしても、それはある当面の目的や一時的な目標にとっては便宜であるが、その便宜を重視した場合にはそれよりもはるかに重要な規則に違反することになるような状況が考えられている。

このような意味で使われる「便宜」は、もはや有用なものではなく、有害なものとなっているのである。たとえば嘘をつくことは、困った事態を切り抜けるための手段として、あるいは自分や他人の目指すものを実現するために直接に役立つ手段として、便宜なものとなることも多いだろう。しかしわたしたちの心のうちに、嘘をつかないでいることについての注意深い感情を育てておくことは、わたしたちが行動によって奉仕することのできるもっとも有益な前提条件の一つなのであり、こうした感情を弱めてしまうことはきわめて有害なことなのである。そして真理から逸脱して嘘をつくことは、それが意図的なものでないとしても、わたしたちの語る言葉の信用を失わせるものであり、この信用というものは現在の社会の福祉全体を支える大きな支柱なのである。

それだけではなくわたしたちが語る言葉の信頼性が失われると、ほかのどのような事態と比較しても、人間の幸福が実現されるかどうかを大きく左右する文明の基礎を揺るがすものとなってしまう。目先の利益のために、このような圧倒的な有益性をそなえた規則を破壊することを、わたしたちは便宜であるとは考えられない。自分自身のために有益であるか、あるいはその他の個人にとって有益であるという理由で、わたしたちが他人の言葉を信頼する関係を破壊する行為をする人は、人類からこのような信頼関係という善を奪うものであって、もっとも憎むべき人であると言わざるをえない。

ただし嘘をついてはならないというこの原則は神聖なものではあるが、どの立場の道徳論者もこの原則には例外があることを認めている。たとえば犯罪者に対して情報を秘匿するとか、死を前にした人に病状を伝えないでおく場合のように、特定の事実を秘匿することは例外として認められるだろうし、意味のない大きな災厄から自分ではなく、他人を救うために事実を伏せておくこともあるだろう。そして嘘をつくのではなく、このように真実を語らないという不作為だけによって、その目的を実現できることもあるだろう。しかしこのような行為が必要な範囲を超えてあまりに拡大解釈されないように、さらに真実への信頼を弱めるようなことのないように、こうした行為があくまでも例外にすぎないことをよく弁えておく必要があり、可能な限りで許容される範囲をきちんと限定しておく必要がある。そして功利主義の原則は、このように真実を秘匿した場合にえられる利益と、真実を伝えた場合にえられる利益を比較してみて、どちらが大きな利益をもたらすかを明らかにするために、何よりも役立つはずである。

功利主義への典型的な反対論

また功利主義を擁護する人々にしばしば向けられる反対論として、わたしたちはある行為をする前に、その行為が社会全体の幸福にどのような影響を及ぼすかを計算したり考慮したりする時間的余裕はないのではないかという議論がある。この反対論は、わたしたちが行動を起こす前に、毎回のように旧約聖書や新約聖書を読み直している暇はないのだから、キリスト教は行為を導く指針とはなりえないという議論と似た性格のものである。

この反対論に対しては、わたしたちは行為するまでに十分な時間を持っていると答えることができよう。わたしたちの前には人類がこれまで生きてきた過去のすべての歴史が広がっている。このすべての期間を通じて人類はさまざまな行為の傾向性について学ぶだけの十分な経験を積んできた。わたしたちのあらゆる思慮分別も、人生の道徳性も、このような経験のもとで生まれてきたのである。

ところがこうした異議を唱える人々は、これまでこうした経験が積まれてこなかったかのように語る。あたかも他人の財産や生命に危害を加えたくなった瞬間に、初めてわたしたちは殺人や窃盗が人間の幸福に有害なものであるかどうかを考え始めるかのようである。たとえそうだとしても、その人にとってこれが重大な難問になるとは思えない。いずれにしてもこうした問題は、すでに解決された問いなのである。

道徳の判断基準は功利にあるとしておきながら、何が有益であるかについては意見を一致させることができないとか、若者たちに何を教えるか、法律や世論で何を強制するかについて意見を一致させることができないと考えるのは、何とも論理的な一貫性のないことではないだろうか。ある倫理的な基準にまったく愚かしい考えが含まれているとすれば、そのような倫理的な基準がうまく機能しないことを証明するのは難しいことではないだろう。しかしそう想定するのでなければ、人々はある行為が自分たちの幸福に及ぼす影響については、すでに明確な信念を獲得しているはずである。そしてこのような信念が伝えられることによって、多くの人々の道徳規則が生まれているはずである。哲学者たちにとっても、もっとまともなものをみいだすことができるまでは、こうした信念が道徳の規則となっているはずである。

哲学者たちはもっとまともな規則をたやすくみいだすことができるだろうし、とくに現代においては多くの問題についてもっとまともな発見をすることができるだろうと、わたしは考えており、むしろ熱心にそう主張している。人々によって受け入れられている道徳規則というものは、神聖な権利のようなものではなく、わたしたちは行為が社会全体の幸福に及ぼす効果については、もっと多くのことを学ばなければならない。功利主義の原則から生み出された二次的な規則というものは、あらゆる実際的な技術の規則と同じように、限りなく改善できるものであり、人間の精神が発達しつづける限り、このような改善もまた限りなくつづくものである。

ただしこのように、道徳の規則は改善できるものであると考えるからといって、［二次的な規則に示されるような］中間段階での一般化をすべて無視して、第一原理［である功利の原理］によってすべての具体的な行為を直接に判断することができるというわけではない。第一原理を認めてしまえば、二次的な原理を採用できなくなると考えるのは奇妙なことである。

たとえば旅行者に尋ねられたときに、その人が訪れようとしている最終的な目的地への行き方を教えたとしても、その途中にあって目印となるものや道標を利用することをその旅行者に禁じることにはならないだろう。それと同じように道徳の最終的な目的は幸福にあると主張したからといって、この目標に到達するための道筋を指定してはならないことにはならないし、その最終目的を目指して進んでいる人に、もっと別の方角に向かうように助言してはならないということにもならない。

この問題について愚かしいことを語るのはやめるべきだ。実践的な意味のある事柄についてであれば、誰もそんな愚かしいことを口にしたり、愚かしいことに耳を傾けたりはしない。船乗りが航海する際に、航海暦の計算結果を待っていられないのだから、天文学が航海術の基本となることはありえないなどと主張する人はいないだろう。船乗りには理性がそなわっているのであるから、航海する際にはすでに計算済みの航海暦を持参するものなのである。そして理性的な人間であれば、正しいこととは何か不正なこととは何かという身近な問題についても、賢さと愚かしさの違いが明らかになるような多くの困難な問題についても、すでに心を決めてから人生という航海に乗り出すものである。そして人間に先見の明がそなわっている限り、理性をそなえた人であれば、今後も同じように振る舞うだろうと考えるだけの根拠はあるのである。

わたしたちが道徳の基本的な原理としてどのような原理を採用するとしても、その原理を実際に適用しようとすれば、つねに補助的な原理が必要になる。どのような道徳体系においても、こうした補助的な原理を必ず採用せざるをえないのであるから、補助的な原理を採用したからといって、その道徳体系を否定する論拠にはなりえない。ところが「功利主義に反対する人々は」二次的な原理を採用することは許されないし、これまで人間生活の経験に基づいて一般的な結論を導いたことはないし、これからもないだろうと主張するのである。これはきわめて愚かしい主張であって、哲学の議論においてこれまで示されたうちではもっとも不条理な議論であると思わざるをえない。

二次的な原理の役割

功利主義に対する反対論としてはこの他にもまだいくつもの議論が残されている。その多くは、人間の本性に共通してそなわっている弱点を功利主義のせいにしたり、良心的な人々が生き方を決める時に一般に困難な問題として提起される事柄を功利主義のせいにしたりして、功利主義を非難するものである。そして功利主義者たちには、自分が困った立場に立たされると、自分だけには道徳律の例外を認めようとする傾向があるとか、誘惑されると道徳律を守るよりもそれに違反する方が大きな利益がえられると考える傾向があるなどと、非難するのである。

ところが自分のなした悪しき行為を弁明したり、自分の良心を眠らせるために、道徳的な信条を利用するのは、功利主義者だけであろうか。どのような道徳理論においても、道徳にかかわる問題のうちには矛盾した事態が存在することを認めているのであり、そのような実例はいくつも示すことができる。健全な人々が採用しているどのような道徳理論でも、同じような困った事態が発生するものなのである。どんな行動の規則においても、いかなる場合も例外を認めないで済ませることはできない。それにどのような種類の行為においても、いかなる例外も認めず、ある行為はつねに行わなければならないとか、ある行為はいかなる場合にも行ってはならないと決めることはできないものである。これは倫理的な信条そのものにそなわる欠点ではなく、人間にかかわる事柄は複雑な性質のものであるために生まれることなのである。

どのような倫理的な信条でも、行為する者に道徳的な責任を負わせるとしても、厳格な道徳法則が定めることをそのまま強制するのではなく、ある程度は裁量の余地を認めるものである。そしてどのような道徳体系でも、このような余地を認めると自己欺瞞や不誠実なこじつけが生まれるものなのである。

どのような道徳体系でも、義務と義務のあいだで対立が発生して、解決できない事例が生まれる。どんな倫理の理論においても、個人が良心的に行為するために利用されるどんな導きの糸においても、現実にはこのような困難な問題はいつでも発生する。そしてこうして発生した問題は実際には、行為する個人の知性と徳の高さによって解決されることになる。だからといって、権利と義務が対立するような問題を解決する最終的な基準を手にしている人には、こうした問題に取り組む資格はないなどと主張することはできない。

功利が道徳的な義務の最終的な源泉であることを認めるならば、道徳的な義務が対立して両立できない場合には、功利を最終的な基準として適用することになるだろう。この基準を適用するのはたやすいことではないかもしれないが、基準がまったくないよりはましである。功利主義でない道徳的な体系においては、さまざまな道徳的な規則が独立した権威をそなえているので、どの規則に従うべきかを決定するための共通の判定基準というものが存在しない。そしてどの規則も他の規則よりも優れていると主張されるのであるが、そうした主張はどれも詭弁に近いものであり、多くの場合に決定を下すことができなくなる。

決定が下されないままであれば、それと意識することなしに功利の原理によって影響されるのであり、そこに個人的な欲望や好みが働く余地が残されることになる。そしてこのように二次的な原理が対立しあう場合にこそ、第一原理に訴える必要が生じてくることを忘れてはならない。道徳的な義務というものはつねに、二次的な原理を伴っているものである。たとえ二次的な原理が一つしか存在しない場合にも、その原理そのものを認識している人であれば、第一原理が何であり、二次的な原理が何であるかについて実際に惑うようなことはないのである。

III.

第 3 章

功利の原理の最終的な強制力について

Of the Ultimate Sanction of the Principle of Utility

道徳を支える強制力（サンクション）についての問い

どのような道徳的な基準について考える場合にも、その基準を支える強制力（サンクション）はどのようなものであるか、それに従う動機はどのようなものであるかが問われることが多いのであり、これはもっともな問いである。この問いが明らかにしようとしているのは、道徳的な基準が備えた強制力の源泉はどこにあるのか、その義務の拘束力がどこから生まれてくるのかということである。

この問いに答えることは、どのような道徳哲学においても必要不可欠なことである。この問いかけは功利主義の道徳に対する反対論の形で提起されることが多く、他の道徳哲学と比較して特に功利主義の道徳にあてはまる問いとみなされることが多いが、実際にはあらゆる道徳基準にたいして問いかけることができるものである。

ある人が何らかの基準を採用しようとするとき、あるいはこれまで馴染んでいなかった事柄に基づいて道徳の根拠を考えようとするときには、つねにこの問題が発生する。というのもある行為をなすことそのこと自体が義務であるという感情を心のうちに起こすことのできる道徳は、慣習的な道徳、すなわち教育と世論によって聖なるものとされてきた道徳だけだからである。だからこそ人々に対して、このような道徳においては慣習によって聖なるものとされていない一般的な原理から、そのような義務づけの力を引き出しているのだと説明しても、そうした説明は逆説的なものにしか思えないものなのである。

このような［慣習的な］道徳は二次的な形で生み出された原理であるはずなのに、基本となる第一原理よりもはるかに大きな拘束力をそなえているように感じられるものである。地面の上に立っている建物は、その下に土台があることを示されたときよりも、土台などはないかのように示されたときの方が、しっかりと立っているようにみえるものである。人々は次のように自問する。自分は盗んだり殺したり、他人を裏切ったり欺いたりしてはならないと感じている［からそのようなことはしないだろう］。しかし社会全体の幸福を増進しなければならないと言われたとしても、なぜそのようにしなければならないというのだろうか。自分の幸福が社会全体の幸福とは違うものであるとすれば、自分の幸福を選んではならない理由はあるのだろうか。

道徳理論に固有の難問

道徳的な感情の性質についての功利主義の理論の考え方が正しいとすれば、このような困った事態はつねに生じるものである。こうした事態を防ぐためには、道徳的な性格を作り出している影響力が、そのような影響力のもたらす結果から生み出されてくる原理と、しっかり結びついているようにする必要がある。すなわち教育を改善することによって、人々を結びつける連帯感が個人の性格のうちに深く根を降ろすようにする必要があり、イエス・キリストはまさにこのことを目指していたのである。そのようにするためには、きちんと育てられた若者が犯罪を嫌悪するようになり、人々を結びつける連帯感が、完全に自分の本性の一部であると感じるようになる必要がある。

しかしそれが実現されるまではこのような困った事態がつづくだろうが、それは功利の理論だけにつきもののものなのではなく、道徳を分析して原理を確立しようとするすべての試みにつきものなのである。こうした原理が、そしてこうした原理を適用する営みが、人々の心のうちで聖なるものと思われるようになるまでは、このような原理の適用というものには神聖さが欠けていると感じられてしまうのである。

外的な強制力について

功利主義の原理には、ほかのどのような道徳体系にもそなわっている強制力（サンクション）がそなわっているし、そなわっていないと考えるべき理由もない。こうした強制力には内的な強制力と外的な強制力がある。外的な強制力については、詳細に述べる必要はないだろう。こうした外的な強制力とは、「宇宙の支配者」からあるいはわたしたち人間の仲間からわたしたちに与えられる好意への期待と不興への恐れである。あるいはこうした「支配者」に対してわたしたちが抱く共感や愛情、わたしたちが自分にとってその結果がどのようなものとなるかにかかわらず、こうした存在が望むことをなそうとする気持ちを生み出させる愛や恐れなどである。ほかのどのような道徳体系とも同じように、功利主義の道徳体系においても、人々が義務に従うようにさせるこれらのすべての動機との結びつきが力強く、完全なものとなるのであり、そうならないと考えるべき理由もないのである。

実際に他者とのかかわりに関連したこのような動機というものは、人々の知性の水準が高まるに応じて、人々を義務に従うようにさせるものである。道徳的な義務の根拠が社会全体の幸福を増進するものであるかどうかは別として、人々は幸福を愛するものだからである。さらに人々が自らの実践においてはこうした動機に完全に従うことはないとしても、自分たちに向けられた他人の行いについては、それが自分たちの幸福を増進すると思われるものであれば、そうしたものをすべて称賛するからである。

宗教的な動機については、多くの人々が公言しているように、人々が神の善性を信じるのであれば、もしもすべての人々の幸福を増進することが善の本質であり、善の唯一の動機であると考えるならば、このような行為は神が是認するものであると考えるに違いない。

だからこそ外的な報賞と処罰のもたらすあらゆる力は、それが物理的なものか精神的なものかを問わず、そして神に由来するものか同胞である人間たちに由来するものかを問わず、功利主義の道徳の真価が認められるようになれば、功利主義的な道徳が行われるようにあらゆる力を傾注するようになるのである。人間の本性の能力が許す限りで、神に、あるいは同胞である他の人間たちに対する無私の貢献も、それに寄与するのである。そして功利主義的な道徳の真価が認められるようになればなるほど、教育と一般的な教養を高める仕組みが、この目的を実現するためにさらに強力に働くようになる。

良心の本質

外的な強制力についてはこれくらいで良いだろう。義務という内的な強制力は、私たちが義務の基準をどのようなものとして定めようとも、わたしたちが心のうちで抱く感情であることに変わりはない。これは義務に違反した時にわたしたちの心のうちで多かれ少なかれ感じる痛みである。こうした感情は重要な問題に直面したときに働かせるべき道徳的な性質を正しく育てられた人にはとくに強く働いて、義務に違反する行為を行うことができなくしてしまうものである。この感情が、個々の具体的な義務の観念や、たんなる付随的な状況と結びつくのではなく、自分の利害を離れた純粋な義務の観念と結びついたときには「良心」となるのであり、これが良心の本質である。

ただしこの単純な事実は実際には複雑な現象として現れるのであり、そのときに同時に存在する諸状況によって完全に覆われてしまうことも多い。そこに同時に存在するこうした諸状況は、共感や愛情によって生まれるか、恐怖によって生まれることが多い。あるいはこうした付随的な状況は、あらゆる形の宗教的な感情から生まれることも、子供時代の思い出や自分のそれまでの過去の思い出から生まれることも、自尊心や他人から尊敬されたいという希望から生まれることも、自分を卑下する心から生まれることもあるのである。

このようなきわめて複雑な状況のために、道徳的な義務の観念にそなわるとされる神秘的な性格が生じてくると思われる。これは人間の心にそなわる一つの傾向であり、こうしたものにはほかにも多くの実例がある。このような傾向のために、ある神秘的な法則がわたしたちの良心を支配しているのだと思われてくるのである。そしてこのような神秘的な法則がわたしたちの経験のうちで神秘的な思いを掻き立てるようなものによってでなければ、義務の観念が生まれることはないと考えてしまいがちである。

しかし道徳的な義務の持つ拘束力は、わたしたちがみずから正しいと考えることに反する行為を行うには、わたしたちのうちに存在するさまざまな感情を克服しなければならないという事実によって生まれるものなのである。そしてわたしたちがこのような義務の拘束力に反して、正しい行為についての基準に反して行動したならば、わたしたちはあとで後悔することになり、こうした感情に直面しなければならなくなる。良心の性質や起源についてどのような理論が定められるとしても、わたしたちの良心とは基本的にこのようなものなのである。

内的な強制力の力

このように外的な動機を別とすればあらゆる道徳の究極的な強制力は、わたしたちの心のうちにある主観的な感情である。だからこそ功利を基準とする人々であれば、この功利という基準の強制力はどのようなものであるかと尋ねられたとしても、困惑するようなことはないだろう。ほかのすべての道徳的な基準の場合と同じように、その強制力は人間の良心的な感情であると答えることができるだろう。この強制力が訴えかける良心的な感情がそなわっていない人には、この強制力が拘束力を持たないのは明らかである。しかしそのような人であれば、功利主義の原理だけではなくほかのどのような道徳的な原理にも従おうとはしないだろう。こうした人々に効果があるのは外的な強制力だけであって、道徳的な原理ではないのである。

いずれにしても良心的な感情というものが存在することは人間の本性における事実であり、この感情が現実に存在し、適切に育てられた人々に対して大きな力を発揮することができることは、これまでの経験によって証明されている。そのほかの道徳的な規則によって、良心的な感情を道徳と強く結びつけながら人々を育成することが可能であるのであれば、功利主義の道徳によってそうしたことを実現できないことを示す理由は、これまでに示されていないのである。

先験的な道徳論の見解

道徳的な義務のうちに先験的な事実を、すなわち「物自体」の領域に属する客観的な事実をみいだそうとする人々が存在するのはたしかであり、こうした人々は道徳的な義務というものが人間の意識のうちにしか存在しない完全に主観的なものと考える人々よりも、道徳的な義務に従う傾向が強いとされているのもたしかである。ただしこうした存在論にかかわる問題についてどのような意見を持つとしても、その人を動かしているのはその人自身の主観的な感情なのであり、その力について正確に測定しようとすれば、主観的な感情の強さを測定するしかないのである。

どのような人にあっても、義務が客観的に実在するという信念は、神が客観的に実在するという信念ほどに強いものではない。ただし神の実在についての信念は、神が実際に報奨や罰を与えるという予想を別とすれば、その人の主観的な宗教的な感情を通じて、そしてその強さに比例する形で、その人の行動に影響するだけである。

強制力というものは、自分の利害にかかわらないかぎり、つねに心のなかにしか存在しない。ところで先験的な道徳論を唱える人々は、このような強制力が心の外部に起源を持たないかぎり、心のうちにも存在しないはずだと考えるだろう。その場合にはもしも人が、わたしたちを拘束するこの良心と呼ばれるものが、心のうちにある感情にすぎないものだと考えるならば、この感情がなくなれば義務もなくなってしまうと結論するに違いない。このような感情を抱くことが不便であると判断すれば、こうした感情を無視しようとするだろうし、それを取り除いてしまうのではないかと、先験的な道徳論者は懸念するかもしれない。

しかしこのような危険性は功利主義の道徳だけに限られたものだろうか。道徳的な義務が人間の心の外部にあるものだと考えれば、道徳的な義務の感情は心のうちから取り除くことができないほどに強くなるというのだろうか。事実はそれとはまったく異なる。だからこそすべての道徳論者は、人間の心はたやすく自分の良心を沈黙させ、押し殺してしまうということを認め、そのことを嘆いているのである。〈わたしは自分の良心に従う必要があるのだろうか〉と自問するのは、功利主義の原理の支持者だけではない。この原理についてまったく知らない人々も同じように自分にそのように問いかけているのである。自分にこのように問いかけるほど良心的な感情が弱い人が、この問いに対して、良心に従うべきだと答えるとすれば、それはその人が先験的な理論を信じているからではなく、外的な強制力が働きかけるからである。

直観主義的な道徳論と功利主義の道徳論の一致

ここでの議論の目的からは、人間には生まれつき義務の感情がそなわっているのか、それとも外部から植えつけられたのかを決定する必要はない。たとえ義務の感情が生まれつきのものだとしても、その感情がどのような対象と結びつくかという問いは解決されないままである。というのも義務の感情が生まれつきそなわるとみなす哲学を支持する人々のあいだは、人間が直観的に認識することができるのは道徳の原理だけであり、その具体的な細部ではないということで、今のところ意見が一致しているからである。これに関連して何か生まれつきのものがあるとすれば、それは他人の快楽や苦痛を思いやる感情だけだと言えるのは間違いのないことだろう。だからこそ、直観によって義務づけられる道徳的な原理があるとすれば、このような感情に基づいたものとならざるをえないだろう。

　その場合には直観主義的な倫理の理論は功利主義的な倫理の理論と一致することになり、この二つの倫理の理論のあいだの争いはなくなるだろう。現に直観主義的な道徳論者は、直観的な感情によって道徳的に義務づけられる力がほかに存在するとしても、このような他人の快楽や苦痛を思いやる感情こそが、直観的なものだと考えているのである。というのも彼らは道徳の大きな部分は、同胞である人間たちの利害への配慮によって左右されるものであるということで意見が一致しているからである。だからこそ道徳的な義務の起源は先験的なものであるという考え方は、それが内的強制力の効力を増強するものであると同時に、功利主義的な原理の立場を強めるものとなるのである。

道徳的な感情の起源

他方でわたしが信じているように、道徳的な感情というものは生まれつきのものではなく、後天的に獲得されたものであるとしても、こうした感情がその自然さを失うことはない。人間にとっては他者と話したり、理性を働かせたり、都市を建設したり、土地を耕したりするのは、後天的に獲得された能力であるが、それでも人間にとってこうした行為はごく自然なものである。実際に道徳的な感情は、人間が生まれつき持っている本性の一部ではないのであって、すべての人に存在することが明確に確認されるようなものではない。ところが残念なことに道徳的な感情というものは先験的な起源のものと固く信じている人々は、道徳的な感情は人間の本性の一部だと考えているのである。

すでに指摘したように、話すことのような後天的な能力も、道徳的な能力も、人間の本性に含まれるものではないが、それでも人間性から自然に発達してきたものである。これらの能力はある程度は自発的に生み出すことができ、高度に発達させることができる。これはあいにくなことだが、外的な強制力と幼い頃の教育の力をうまく利用すれば、道徳的な能力というものを、どのような方向にも育てることができる。そしてこのような形で影響力を行使しながら人間の良心の権威を活用し、利用するならば、人間の心に働きかけて、人間にどのような不合理なことや有害なことでも行わせることができるのである。功利主義の原理が人間性に基礎を持たないものだとしても、このような方法によって同じような結果を生み出すことができるのであり、これを疑うのは経験というものを無視することになるだろう。

道徳的な連想の力

しかし道徳的な連想というものは完全に人為的に作り出されたものであって、知的な能力が発展するとともに、分析のもたらす分解力によって次第に弱まっていくことになる。そして義務の感情というものも、連想の力で功利と結びついたものである場合には、同じように恣意的なものと思われてくるだろう。もしも人間の本性のうちにこのような連想と調和した主導的な部分が存在しないとしたらどうだろうか。すなわち一連の強い感情が存在していないために、わたしたちがこのような連想が自分にふさわしいものであると感じられなくなり、他人のうちにもこのような連想を育ててやろうという気持ちにならなくなったならばどうだろうか。というのも、他人のうちにこのような連想を育ませることは、わたしたちにとって大いに有益なものであり、そうした動機は存在するからである。それだけではなくわたしたちのうちにも、このような連想を大切にしたいと思わせてくれるようなものがなくなったならばどうなるだろうか。要するに功利主義の道徳に、感情という側面から支えてくれる自然な基礎がなくなったならばどうなるだろうか。このような場合には教育によって義務の感情と功利とを結びつける連想を作り出しておいたとしても、分析のもたらす力のために、そうした連想の力が失われてしまうようになるかもしれない。

社会的な感情という基礎

しかしこのような力強い自然的な感情という基礎は実際に存在しているのである。しかも社会全体の幸福が倫理の基準であることが認められたならば、このような基礎は功利主義的な道徳の強みとなることだろう。このような力強い基礎となるのが、人間の社会的な感情という基礎である。この感情は人間どうしが結びあって一体のものとなりたいという欲求である。こうした欲求は人間性の中にある強力な原理であり、無理に教え込まなくても、文明の進展がもたらす影響力のおかげで、さらに力強いものとなる傾向をそなえている。

社会的な状態というものは人間にとってきわめて自然で必要なものであり、人間にはごく馴染みなものとなっているために、何らかの異例な状況が発生するか、意図的に抽象的な考え方をするのでなければ、人間というものは集団の一員でないような生き方を選ぶことはないものである。そしてこのような連想による結びつきは、未開の独立状態から遠く離れて文明化が進むとともに、ますます強固なものとなっていく。

こうした社会的な状態を維持するために本質的に必要な条件というものは、人間がこのようにして生まれついてきた社会のあり方についての考え方の必須の部分となるのであり、このようなあり方は人類の運命そのものになるのである。

ところで人々のあいだの社会状態というものは、現在では主人と奴隷の関係を除けば、すべての人々の利害を考慮することを土台としなければ成立しえないようになっている。平等な立場にある人々が作り出す社会は、すべての人々の利害が平等に考慮されることが了解されなければ成立しえない。そしてあらゆる文明状態においては、絶対君主を除いてすべての人々は平等であるから、いかなる人も他人とこのような平等な関係のうちに生きねばならないのである。どのような時代でもつねに、このような他人との平等な関係によらなければ存続しえないような状態に向かって、絶えず進歩していくのである。

このようにして人々はやがて他人の利益を完全に無視した状態を想像することもできなくなる。人々は他人に重大な危害を加えることをせず、自分を保護するためだけにも、このように他人に危害を加えることにつねに反対しながら生きていくものだと考えざるをえなくなる。人々はさらに他人と協力して生活するようになり、少なくとも当座の間は個人の利益ではなく、集団の利益を自分たちの行動の目的として掲げざるをえないという現実に馴染んでくる。人々がこのようにして協力している限り、すべての人々の目的は他の人々の目的と同じものとなり、他の人々の利益は自分たち自身の利益であるという感情が、少なくとも一時的には生じることになる。

このようにして社会的な絆がつねに強化されつづけ、社会が健全に発展していくようになると、それぞれの個人は現実において他人の幸福に配慮することで、自分の利益も確保できるようになってくる。さらに他人の幸福を自分の感情とますます調和させるようになり、他人の幸福を現実に配慮することが、ますます自分の感情にふさわしいものとなっていく。こうして人々はほとんど本能的に、自分は当然のように他人に配慮する存在であると考えるようになる。このような人にとっては他人の幸福というものは、あたかも自分の生活のその他の物理的な条件の一つであるかのように、ごく自然で必要なものとなってくるのである。

そうなればこうした感情がどれほど強いものであるかどうかにかかわらず、人々は自分の利益と他者への共感というきわめて強い二つの動機によって、自分のこのような感情を他者に示す必要があると感じるようになる。そして自分の最大の力を行使してでも、他人のうちにもこのような感情が生まれるようにしようとするものである。このような感情をまったくもっていない人でも、他人のうちにこのような感情が生まれることに強い関心を持つようになる。

このようにして、こうした感情のごくわずかな萌芽が、共感の伝染する力と教育の影響力によって芽生え、育まれるようになる。さらに外的な強制力の強い力によって、このような連想の強固な網の目が、こうした感情の周囲に織り上げられていくのである。

文明が進むにつれて自分自身と人間の生活についてのこうした考え方がますます自然なものと感じられるようになる。政治的な状況が改善されるたびに、利害の対立の原因が除去され、個人や階級のあいだの法的な特権の不平等が解消され、それによってこの傾向がますます強まってくる。それまではこのような特権の不平等のために、人類の多数の人々の幸福が現実においては無視されてしまっていたのである。

このようにして人間の精神が改良されるとともに、それぞれの個人のうちに他のすべての人々と一体であるという感情を生み出す傾向のある影響力が絶えず強まってくる。このような感情が完全なものとなればどんな人にあっても、自分自身には利益のあるものであっても他人の利益を無視するようなことを望んだり、夢想したりするようなことはなくなるのである。

ここでこのような一体性の感情が宗教として人々に教え込まれていると想定してみよう。そして宗教の場合と同じように、教育と制度と世論にそなわるあらゆる力が駆使されて、すべての人が幼い頃からこうした宗教を信奉し、実践するようにあらゆる側面から働きかけられていると考えよう。このような状態を想定することができる人であれば、「幸福」を目指す道徳の持つ究極の強制力の力が不十分ではないかと懸念するようなことはないだろう。

倫理学の研究者でこのような状態を理解できない人には、理解を促進するためにオーギュスト・コント*7の二大著作の第二の著作である『実証政治学体系』を研究することを勧める。わたしはこの著作で説かれている政治と道徳の体系の内容そのものには、強く反対している。しかしこの著作においては、「神の摂理」への信仰に頼らなくても、宗教のもつ精神的な力と社会的な効用が人類に役立ちうるものであることが明確に示されている。こうしたものは人間の生

*7　イジドール・オーギュスト・マリー・フランソワ・グザヴィエ・コント（一七九八〜一八五七）は、フランスの社会学者で哲学者。ミルはコントから大きな影響をうけており、「コントと実証主義」という論文を発表している。コントの著作としては六巻構成で発表された主著の『実証哲学講義』（一八三〇〜一八四二）と、四巻構成で発表された『実証政治学体系』（一八五一〜一八五四）などがある。ミルの語る「二大著作」の第一の著作は、『実証哲学講義』だろう。

活のうちに定着して、人々のあらゆる思考や感情や行動に影響することができるようになるだろう。そうなれば、これまで宗教によって行使されてきた最大の影響力も、たんなる見本やお手本のようなものにすぎないことが明らかになるだろう。このような影響力の持つ危険性は、効率的でないということではなく、あまりに効果を発揮して人間の自由と個性に過度に干渉してしまうところにあるのである。

一体性の感情の働き

功利主義の道徳を認めている人々にとってはこのような一体性の感情は、功利主義の道徳を支持する強い拘束力になっているのである。このことを考えれば、社会的な影響力によって、すべての人が功利主義的な道徳を支持すべきであると考えるようになるまで待っている必要はない。現代という時代は人間の進歩のかなり早期の段階であり、この段階にあっては人々が他のすべての人々に完全な共感を抱くことは望めない。また、このような共感の力で人々の人生における一般的な行動方針がたがいに衝突しなくなることも期待できない。それでも社会的な感情がとくに発達している人々は、自分が幸福になるための手段をめぐって、ほかの人々と競おうとはしないものである。それだけでなく、自分が幸福になるためには、ほかの人々が幸福になろうとする試みが失敗することを願わなければならないなどとは、まったく考えないものである。

現代にあってもすべての人々は、自分は社会的な存在だと強く感じている。そして誰もが、自分の感情や目的が、ほかの人々の感情や目的と調和するようになることを望むのはごく自然な欲求であると考えるようになっている。意見の違いや精神的な文化の違いのために、他人が実際に持っている感情を共有できないことがあるかもしれないし、そのような場合には他人の感情を拒絶し、非難することもあるかもしれない。それでも人々は、自分がほんとうに望んでいることと、他人が望んでいることが対立するとは限らないことを自覚すべきであり、自分は他人が望んでいること、すなわち幸福になろうとしていることに反対しているのではなく、それとは逆に他人が幸福になることを望んでいることを、自覚すべきなのである。

多くの人々にとってはこのような他人との一体性の感情は、利己的な感情よりもはるかに弱いものであり、まったく欠如していることも多い。しかしこうした一体性の感情を持っている人々であれば、こうした感情は自然に生まれる感情のあらゆる特長をそなえたものとして感じられているのである。こうした人々にとっては、このような感情は教育によって植えつけられた迷信でも、社会的な権力によって専制的に押しつけられた規範でもなく、自分が幸福になるために不可欠な特質であると思われるようになるものである。

この確信こそが、最大幸福の道徳論にそなわる最大の強制力である。この確信によって、こうした感情が十分に発達している人々は、このような外的な強制力のもたらす外的な動機と対立せずに、それと協力し、他の人々に対して配慮するようになる。このような外的な強制力が欠如していたり、外的な強制力が他人に配慮させない方向に働いている場合には、このような内的な強制力が、その人の性格のうちにある感受性や思慮深さに助けられて、強力な内的な拘束力として働くものである。自分自身の私的な利益だけに強く拘束されている人は別としても、心の中に道徳というものがまったく存在しない人でなければ、他人をまったく考慮せずに生きてゆくことは、ほとんど耐え難いものなのである。

IV.

第 4 章

功利の原理はどのように証明できるか

Of What Sort of Proof the Principle of Utility is Susceptible

第一原理は証明できない

すでに述べたように、人間の生にとっての究極の目的はどのようなものであるかについては、一般に〈証明〉という言葉で理解されているような意味では、証明して示すことのできないものである。どのような第一原理も、推論によっては証明できないのである。知識の第一の前提も行為の第一の前提も、推論によって証明できない。

正しい知識の第一の前提というものは事実の問題であるから、事実を判断する能力、すなわち人間の感覚と内的な意識に直接に訴えかけることによって、対処することができる。それでは実践上の目的についても、人間のそうした能力によって対処することができるのだろうか。

あるいは実践上の目的を認識することができるような別の能力が存在するのだろうか。

幸福という最終目的

目的について問いかけるということは、何が望ましいかについて問いかけるということである。功利主義の理論によれば、幸福になることこそが人間の生の目的として望ましいものであり、望ましいものはこの幸福のほかには存在しない。幸福ではないすべてのものは、幸福を実現するという目的のための手段としてのみ望ましいものである。功利主義の理論が信じるにたる妥当な理論となるためには、この理論に何を要求しなければならないだろうか、この理論はどのような条件を満たさなければならないだろうか。

ある物体が目に見えるものであることを証明しようとするならば、そのための唯一の方法は、人々が実際にその物体を見ていることを示すことである。ある音が聞こえていることを証明しようとすれば、そのための唯一の方法は、人々が実際にその音を聞いていることを示すことである。わたしたちの経験を作り出しているその他の事柄についても、同じことが言える。

それと同じようにあるものが望ましいものであることを証明する唯一の証拠となるのは、人々が実際にそれを望んでいることを示すことだろう。

もしも功利主義の理論において目的とされている幸福というものが、理論においても実践においても、目的に値するものであることが認められないのであれば、どのような人もこの理論に納得することはないだろう。社会全体の幸福が望ましいものであることを示すためには、実現できると考えられる範囲において、すべての人が自分自身の幸福を望んでいることを示すしかないだろう。ところがこのことは現実の事実であって、この事実はこのことを証明するものであることを示しているのである。

このようにしてわたしたちは、幸福が善であることを証明するために必要なすべての証拠を手にしていることになる。同時に、すべての人にとって幸福になることは善であること、それゆえすべての人で構成された全体としての社会にとっては、社会の全体が幸福になることが善であることは証明されているのである。それによって幸福は人々の行為の目的の一つであるという資格が認められたのであり、こうして幸福が道徳基準の一つであることが認められたのである。

その他の目的

ただしこの証明だけでは、幸福が唯一の基準であることはまだ証明されてはいない。そのことを証明するためには、これまで示したような方法で、事実に基づいて人々が実際に幸福を望んでいることを証明するだけではなく、人々が望んでいるのが幸福だけであることを証明しなければならないだろう。

ところが人々が実際に望んでいるものは、普通の言葉遣いでは、幸福とははっきりと異なるものであることは明らかである。人々が望んでいるのはたとえば、徳の高いことであり、悪しきことをしないことであり、あるいは快楽が存在して苦痛が存在しないことである。すべての人が幸福を望んでいるのはたしかであるのにたいして、すべての人が徳の高さを望んでいるわけではないことはたしかである。それでもこのような望みが抱かれているのは正真正銘の事実である。そのため功利主義の基準に反対する人々は、人間の行為の目的は幸福の実現だけではないこと、幸福の実現は人間の行為を是認するか否認する基準とはなりえないことを推論する権利があると考えているようである。

徳の高さは最終目的になりうるか

しかし功利主義の理論は、人々が徳の高さを望んでいることを否定するものではないし、徳の高さが望ましくないことを主張するものでもない。まったくその逆なのである。功利主義の理論では、徳の高さが望ましいものであることを主張するだけではなく、徳の高さはそれ自体として、利己的な関心を離れて望ましいものであることを主張する。ただしここでは、功利主義の道徳論者が、徳の高さが徳の高さとして認められるために必要な最初の条件はどのようなものであるかについて考察していることについては取り上げないことにしておこう。さらにある行為や人々の気質が徳の高いものであるのは、そうした行為や気質が徳の高さとは異なる別の目的を促進する場合に限られると考えているかどうかについてもここで取り上げないことにしておこう（彼らは実際にそのように考えているのであるが）。

それでもこうした功利主義の道徳論についてこれらのことを認めたとして、これまで述べてきたような事柄を考慮にいれて、徳の高さがどのようなものであるかについて結論が出されたとしよう。その場合に功利主義の道徳論者は、徳の高さを「幸福の実現という」究極の目的を実現するための手段として望ましい手段のうちの第一のものとして認めるのである。さらに徳の高さは、徳の高さではないその他の目的を考慮に入れない場合にも、個人にとってそれ自体で望ましいものとなりうるものであることを、功利主義の道徳論者は心理的な事実として認めている。そしてこのような形で人々が徳の高さを愛するのでなければ、心のあり方は正しいものではなく、「功利」の原理にふさわしい心の状態ではないこと、すなわち社会全体の幸福を実現するために適した心の状態ではないことを主張するのである。徳の高さはそれ自体において望ましいものである。たとえ個々の事例においては、徳の高さが生み出すとされているその他の望ましい結果を生み出さないことがあるとしてもである（徳の高さはこのようなその他の結果を生み出すために望ましいとされているのである）。

ところがこの見解は「幸福」の原理には少しも対立するものではない。幸福というものを構成する要素にはさまざまなものがあり、どの要素もそれ自体で望ましいものであって、そうした要素が幸福の全体を大きくする場合だけに望ましいものとみなされるわけではない。功利主義の原理は、たとえば音楽などの特定の快楽であるにせよ、あるいは健康のように苦痛を免れている状態であるにせよ、それらの要素が幸福と名指されたものにいたる手段であるとみなすべきであるとか、そのような手段として望ましいものであるとか主張するものではない。

音楽や健康はそれ自体において望ましいものであって、それ自体のために望ましいものなのである。そうしたものは手段であると同時に目的の一部でもある。功利主義の理論によると徳の高さは、最初からごく自然に目的の一部となっているものではないが、目的の一部となりうるものである。自分の利害に関心をもたずに徳の高さを愛する人にあっては、徳の高さはそのような目的の一部となっているのであり、幸福を実現するためのたんなる手段としてではなく、その人が幸福であることの一部として望まれ、愛されているのである。

手段が目的になる場合

このことをさらに明らかにするために、もともとは何らかの目的を実現するための手段であったあるものが、何かを実現するための手段でなくなったときには取るに足らないものとなるが、何か目的とするものと結びついた場合にはそれ自体において望ましいものとなり、しかもつねに強く望まれるものとなることについて考えてみよう。徳の高さというものもそのようなものの一つなのである。

たとえば金銭欲もまた、そのようなものではないだろうか。金銭欲というものはもともとはキラキラと光る小さな金属の集まりが欲しくなるというものにすぎない。金銭の価値は、その金銭で買えるものの価値にすぎない。金銭に対する欲望はそもそも、金銭とは別のものに対する欲望であり、金銭はその欲望を満たすための手段にほかならない。

ところが金銭欲は、人生において人々を動かすもっとも力強い原動力の一つとなっているだけではなく、金銭がそれ自体として、それ自体のために欲望の対象となっているのである。金銭を使って何かを購入することの欲望よりも、金銭を所有することの欲望の方が強いことも多い。また金銭を使って実現しようとした目的に対する欲望が、金銭の力によってすべて実現されて、もともとの欲望が消えた後でも、金銭を所有しようとする欲望は増えつづけるものである。

そうだとすると金銭というものは、目的のための手段として望まれているのではなく、目的の一部として望まれているのだと言えるだろう。金銭それ自体は幸福を実現するための手段であるよりもむしろ、幸福であるために何が必要であるかについての人々の考え方を構成する重要な一部となってしまったのである。

人間の生活において重要な意味をもつとされている多くの目的についても、同じことが言えるだろう。そうしたものとしてたとえば、権力や名声を考えていただきたい。ただし金銭とは違って権力や名声には、ある程度の直接的な快楽が付随しているという違いがある。そのためこのような直接的な快楽がある程度の量で、権力や名声にもともとそなわっているかのように思われるのであり、これは金銭とは異なる特徴である。

それでも権力や名声というものにもともとそなわっている最大の魅力は、わたしたちが望んでいるその他の願望を実現するために大きく役立つことにある。このようにして権力や名声と、わたしたちが望むその他の対象のあいだを結ぶ強い連想の力が生まれることになる。この連想の力によって、権力や名声に対する直接的な欲望はきわめて強いものとなり、特定の性格の人々においてはこうした欲望が他のすべての欲望を凌駕するものになってしまうこともあるのである。

こうした事例においては手段が目的の一部となっており、これらの手段で目指していた目的のどれと比較しても、この手段の方が目的の重要な一部となっているのである。かつては幸福を実現するための手段として望まれていたものが、それ自体として望まれるようになったわけである。ただしそうしたものがそれ自体のために望まれるようになったとしても、それはあくまでも幸福の一部として望まれているにすぎない。このような手段を所有するだけで、その人は幸福になるのであり、あるいは自分は幸福になるだろうと思うのである。そしてこのような手段が手に入らないと不幸になる。こうして、このような手段を手に入れることを望むことが、幸福になることを望むことと同じことを意味するようになる。音楽を愛し、健康を望むことが、幸福になることを望むのと同じものとなる。こうしたものへの欲望が幸福であることの一部となっているのである。これらのものは手段であっても、幸福への願望を構成する重要な一部となっているのである。

幸福というものは抽象的な観念ではなく、まとまりのある一つの全体である。ここで取り上げたいくつかの実例は、このようなまとまりのある全体を構成する一部となっているのである。功利主義の基準は、このような手段が幸福の一部となっていることを許容し、容認する。このようなものがなければ人生は幸福をもたらす源泉の乏しい哀れなものとなるだろう。これらは自然の采配であるかのように存在するのであり、このようなものがあるおかげで、もともとは幸福とは関わりのないものが、わたしたちの原初的な欲望を満たすために役立つもの、あるいはその他の形でそれと結びついたり、それ自体において快楽の源泉となる。そしてこのようなものは、その永続性と人間の生活のうちにおいてもつ広がりからみても、その強さからみても、原初的な快楽よりもはるかに大きな価値をもつようになるのである。

徳の高さへの愛とその他の欲望との違い

功利主義の観点からみると徳の高さというものは、このような意味で善なるものである。徳の高さはたしかに、その人に快楽をもたらすものであり、苦痛を防ぐのにとくに役立つが、それを別とすれば、徳そのものを望む欲望とか動機というものは、もともとは存在しないものである。ところがすでに述べたように連想の力が働くと、徳の高さが善そのものであるかのように考えられるようになり、その他の善と同じように強く望まれるようになる。

ただし徳の高さとその他の善には違いがある。徳の高さを無私の心で愛する人は、世の中の人々から祝福されるのであるが、金銭や権力や名声など、徳ではないものを愛する人々は、社会を構成するその他の人々に害をなす可能性があり、実際に害をなすことが多い。そのため功利主義の基準においては、徳の高さへの愛ではないその他の欲望が許容され是認されるのは、それがもたらす害悪が、社会全般の幸福を増進させる度合いを上回らない場合に限られる。そして徳の高さへの愛を育てることが社会全般の幸福にとって何よりも重要であるために、徳の高さへの愛はできる限り強力に促進するように指示され、要求されているのである。

徳への愛と幸福

これまで検討してきたことによって、望ましいものは幸福だけであることが明らかになった。幸福への欲望ではなく、何らかの目的を実現する手段として望まれているものは、それが究極的には幸福という目的のための手段であったとしても、たんに幸福の一部として望まれているにすぎない。これらはそれ自体のために望まれるものではなく、それが幸福の一部を構成するようになった後に初めて、それ自体として望まれるようになるのである。

徳の高さをそれ自体として望む人々が、なぜ徳の高さを望むかといえば、自分の徳の高さを意識することによって快楽が生まれるからであるか、自分には徳がないと意識すると苦痛が生まれるからであるか、またはその両方の理由によってである。実際には快楽と苦痛が別々に存在することは少ないのであり、両方が一緒に存在するのがつねである。だからある人が自分には徳があると考えると楽しいだろうが、同時に自分にはもっと高い徳が実現されていないと考えると苦痛を感じると言えるのである。もしも自分は高い徳をもっていると考えることがその人に快楽を与えず、十分な徳を持っていないと考えても苦痛を与えないのであれば、その人は徳を愛したり望んだりすることはないだろう。あるいは徳の高さを望むとしても、それは徳の高さが自分自身や自分の好きな人に別の形で利益がもたらされると考えるからにすぎないだろう。

功利の原理の証明

このようにして、功利の原理をどのようにして証明することができるかという問いに答えることができるようになった。これまで検討してきた考え方が心理学的に正しいものであれば、すなわち人間の本性というものは幸福の一部あるいは幸福の手段となるものだけを望むものであるとすれば、望ましいものとはこのような幸福の一部あるいは幸福の手段だけであることになり、ほかに証明する必要はなくなるのである。そうであれば、幸福こそが人間の行為の唯一の目的であり、幸福が増進するかどうかこそが、人間のあらゆる行為を評価する価値基準であることになる。その場合には人間の行為の評価基準は同時に、道徳の基準でなければならないことになる。というのも部分は全体に含まれるからである。

そこでこれがほんとうに正しい答えであるかどうかを決定することにしよう。人間が欲望するものは、人間に快楽を与えるもの、あるいはそれが存在しなければ苦痛をもたらしてしまうものだけだと主張するのは正しいことだろうか。この問いは事実と経験によって答えられる問いであり、ほかのすべての問いと同じように、証拠によって決定できる問いである。この問題を解決するためには、自己についての分析と観察を行う必要があり、それと同時にこうした分析や観察を補うために他の人々を観察する必要がある。

このような分析や観察によってえられた証拠を公平な姿勢で調べてみれば、あるものを欲求の対象として望み、それを快楽と感じること、あるものを嫌悪の対象として退け、それを苦痛と感じることは、まったく分離できない現象であることが明らかになる。これらは同じ現象の二つの部分なのであり、厳密に表現すれば、同じ心理的な事実を二つの異なった言葉で表現したものなのである。すなわちあるものを望ましいものと考えること、すなわちそれがもたらす結果によってではなく、そのもの自体として望ましいものと考えることは、そのものを快いものと考えることとまったく同じことなのである。また何かを欲求の対象とすることは、そのものが同時に快いものであるという考えを伴うものでなければ、実際的にも形而上学的にも不可能であることもまた、ごく自明なことなのである。

意志と欲望の違い

わたしにはこれはきわめて明らかなことと思えるので、異議が申し立てられることはないだろう。異議が申し立てられるとしても、わたしたちが最終的に望むものは快楽であるか、苦痛を回避することであるという結論そのものに対する異議ではなく、意志と欲望は異なるものであるという異議申し立てだけであろう。この異議申し立てによると、徳の高い人物や、明確な目的を定めている人物であれば、自分の望む目的について考えるときに快楽について考えたり、目的を実現する際に快楽がえられるかどうかについて考えたりせずに、自分の目的を追求するものだという。またそのような人であれば、自分の性格が変わったり感受性が衰えたりしたためにこうした快楽が著しく小さなものとなったり、目的を追求する際に生じる苦痛と比較するとそうした快楽がごくわずかなものとなったりした場合にも、目的を追求する行動はつづけるものだというのである。

わたしはこのような反論の正しさをすべて認めるものであり、別のところで述べたように、[*8] わたしはこうした見解をほかのどのような人にも劣らず正しいものとして強調している。意志は能動的な現象であって、受動的な感覚の状態である欲望とは異なったものである。たしかに意志は最初は欲望から生まれてくるものであるが、やがては独自の根を降ろし、親株とでも形容することのできる欲望から分離することがある。そのため目的の追求が習慣的になってくると、わたしたちはそれを欲望するために意志するのではなく、それを意志しているというだけの理由で、そのことを欲望するようになることも多い。

しかしこれは習慣というもののもつ力を示すごく馴染みの一例にすぎず、有徳な行為だけに限られるものではない。その他の多くの取るに足らない事柄も、初めのうちは何らかの動機のために行われていたとしても、やがてはたんなる習慣によってつづけられることも多いので

*8　これについては、訳者あとがきを参照されたい。

ある。

ときにはそうしたことが無意識のうちに行われ、行為の後で意識が生まれることもある。あるいは意識的にそのことを望んでいるものの、そのような望みが習慣的なものとなって、ただ習慣の力だけによって行為に移されるようになり、やがてはその人が熟慮して選択した方向とは反対の方向に進むようなこともある。このようなことは有害な行為や他人を傷つけるような行為を習慣としてしまった人によくみられることである。

最後に第三の場合として、習慣となった意志によって行われる個々の行為が、その他の時点においてその人が抱いている一般的な意志と矛盾することなく、こうした一般的な意志を実現するものとなっていることもある。これは徳の高い人物や、自分の定めた目的を慎重かつ着実に追求しているすべての人物にみられることである。

このように理解した意志と欲望についての区別というものは心理的な事実として正しいものであり、きわめて重要である。しかしこの事実が語っているのは、意志というものはわたしたちを作り上げているその他のすべてのものと同じように習慣に従うものであり、わたしたちがもはや望んでいないものについても、ただ習慣によってそれを意志したり、わたしたちがそれを意志するというだけの理由で、そのものを望んだりすることがあるということである。ただし意志というものが最初は欲望だけによって作り出されるということも事実である。この欲望という言葉には、苦痛のもたらす影響を退けようとすることと、快楽をもたらすものを引き寄せようとすることも含まれているのである。

　正しいことをなそうとするしっかりとした意志を持つ人物についての考察はこのくらいで十分だろう。次に徳の高さがそれほど確固としたものとなっておらず、徳の高い意志がまだ弱くて誘惑に負けやすいために、あまり信頼できない人物について考えてみよう。このような人物の脆弱な意志を、どうすれば強固なものにすることができるだろうか。このような意志が十分な力をそなえていないのであれば、どのようにすればそのような徳の高さを求める意志を植えつけたり目覚めさせたりすることができるだろうか。

　そのためにはその人物に徳の高さを望むようにさせるしかないのであり、徳の高い行為を快楽と結びつけ、徳の欠如を苦痛と結びつけて考えさせるしかない。徳の高い行為をなそうとする意志を呼び起こすためには、正しい行いをすることを快楽と結びつけて考えさせ、悪しき行為をすることを苦痛と結びつけて考えさせるべきなのであり、徳の高い行為に自然に含まれている快楽に目覚めさせ、悪しき行為に自然に含まれている苦痛に目覚めさせるべきである。このようにして本人の経験に訴えかけて、その人に納得させるのである。そうすれば有徳であろうとする意志を呼び起こすことができるのであり、これが経験によって確認されるようになれば、やがては快楽や苦痛について考えずに、正しく行為するようになるだろう。

意志というものは欲望から生まれるものであるが、それを生み出した欲望から離れても、習慣の支配のもとに入る。習慣によって行われる行為は、そのものとして善なる行為とみなすことはできない。徳の高さの目的が快楽および苦痛と独立したものとなることを望む人がいるかもしれないが、人々の行為を確固としたものとするのは、習慣によって支えられた快楽と苦痛との連想によってなのであるから、このような望みにはいかなる根拠もない。

感情においても行動においても、確実性をもたらすことができるのは習慣の力だけである。正しいことをなそうとする意志を、習慣の力によって［快楽や苦痛との連想から］独立するところまで育成する必要がある。それはその人の感情と行為が無条件に信頼できることが、他の人々にとっても本人にとっても重要だからである。言い換えれば意志がこのような状態になっていることによってこそ、意志が善を行うための手段となることができるのであって、意志そのものが本来的に善であるわけではない。このことは人間にとって善であるのは、それ自体として快楽をもたらすものや、快楽をもたらして苦痛を回避する手段となるものだけであるという［功利主義］理論と矛盾するものではない。

この理論が正しいとすれば功利の原理の正しさは証明されたことになる。これが証明されたかどうかについては、思慮深い読者の考察に委ねることにしよう。

V.

第 5 章

正義と功利の関係について

On the Connexion Between Justice and Utility

正義の観念のもつ力

これまで思索がつづけられてきたすべての時代において、「功利」あるいは「幸福」が正義と不正の判断基準であるという理論が受け入れられるのを妨げてきた障害物のうちでもっとも大きなものは、「正義」の観念にかかわるものである。正義という言葉は強い感情を生み出すだけではなく、表面的には明晰と思われる観念も生み出すことがある。こうした感情や認識は素早く生じて、確実なものと思われるのであり、それはあたかも本能であるかのようである。

そのため多くの思想家たちは、こうしたものは事物に固有にそなわる性質であるかのように考えてきた。すなわち正義というものが何か絶対的なものとして「自然」のうちにそなわっているとと考えてきたのである。このようにして正義というものはさまざまな種類の「便宜」とはまったく異なるものとして生れると考えられてきた。そして便宜というものは一般に認められているように、長い目で見れば、事実としては正義と切り離すことができないとしても、観念としては正義と対立するものと思われたのである。

正義の感情の起源

正義については、その他の道徳的な感情と同じように、それがどこから生まれたかという問題と、それがどのような拘束力をそなえているかという問題のあいだには必然的な結びつきはない。ある感情が「自然」によって生まれたものであるからといって、その感情によって引き起こされたすべてのことが必然的に正当化されるわけではない。正義の感情は人間の独特な本能の一つであるかもしれないが、その他の本能と同じように、より高い次元にある理性によって制御されるべきであり、導かれるべきであろう。

人間には、ある特定の方法で行為するように促す動物的な本能がそなわっているとともに、何らかの特定の方法で判断するように導く知的な本能がそなわっているとしても、それぞれの本能の働く領域において、知的な本能のほうが動物的な本能よりも必然的に誤りを犯すことが少ないというわけではない。動物的な本能はときに間違った行為をするように指示することがある。それと同じように知的な本能も間違った判断をするとしても不思議なことではない。

わたしたち人間には正義の感情が自然にそなわっていると考えたとしても、そのような正義の感情をわたしたちの行為の究極的な判断基準と考えるべきだということにはならない。ただしこれらの二つの考え方は事実においてはきわめて密接に関連したものである。人間は自分にそなわる主観的な感情が、その他の原因によって説明できない場合には、それは何か客観的な実在の現れであると考える傾向がある。わたしたちがここで目指しているのは、この客観的な実在というものが、そのような正義の感情を生み出したものであるかどうかを確認することである。すなわち行為の正しさや不正というものが本質的に独特な性質のものであり、ほかのいかなる性質とも区別されるべきものなのか、それともその他の性質が組み合わさって、独特な姿で現れているにすぎないのか確認しようとしているのである。

この探求の目的を実現するためには、正義と不正という感情そのものが、色彩の感覚や味覚のように、独特な性格の感情なのか、それともその他の感情の組み合わせによって生み出された派生的な性格の感情であるかを明らかにすることがとくに重要である。多くの人が、正義の求めることが「社会一般の便宜」という領域の一部と一致していることを認めているだけに、このことを明らかにするのはとくに重要である。

ただし心の中で抱かれた「正義」という主観的な感情は、たんなる便宜によって生まれる付随的な感情とは明確に異なるものである。極端な場合を除いて、正義の命令するものは便宜によって求められるものよりもはるかに厳格なものである。そのため人々は、「正義」というものを社会全般の功利において必要とされる一つの特別な種類あるいは部門であると考えるのは困難なことであるとみなしている。正義の感情のもたらす強い拘束力は、もっと別なところから生まれたものでなければならないと考えられるのである。

正義、不正義の特徴

この問題を解明するためには正義と不正に固有な明確な性格がどのようなものであるかを明らかにする必要がある。他の多くの道徳的な性質と同じように、正義とは何かを明らかにするには正義に対立するものを明確に定義するのが最善の方法である。そこで不正とされる行為の様態のすべてに共通している特質は何かを明らかにする必要がある。そしてそのように不正とされる行為と、何らかの非難されるべき特定の名称がついていないものの、非難されるべきその他の行為を区別する必要がある。

人々が正義であるとか不正であるとか特徴づける習慣のあるすべての行為のうちに、一つまたは複数の共通の属性がそなわっていると考えてみよう。その場合にはそうした特定の一つまたは複数の属性は、人間の情緒の構成についての一般規則にしたがって、特定の性質や強度をそなえた感情と結びつけることができるか、あるいはそうした感情が、［そのような結びつきによっては］説明することができず、「自然」によってそなわったものとみなすべきであるかを判断することができよう。このような結びつきがあることが明らかになれば、それを確認することによって［正義の感情の起源についての］中心的な問題も解決できることになる。こうした結びつきによって説明できない場合には、何か別の探求方法を探さなければならないだろう。

人々が一般に正義や不正と呼ぶ事柄

さまざまな対象に共通する属性を見つけるためには、そうした対象について具体的に調べる作業から始める必要がある。そこで人間のさまざまな行動様式や仕組みのうちで、人々が一般的に、あるいは広く共有された意見によって、「正義」や「不正」とみなしているものについて順に調べてみることにしよう。ところで正義や不正という言葉の連想によって結びつけられている感情を引き起こすことがよく知られているものには、さまざまな性質がそなわっている。ここではこれらの性質について簡単に検討するだけで、具体的な結びつきのあり方については考察しないことにしておこう。

第一の事例――正当な法的な権利の侵害

まず第一に個人の自由や所有物、あるいは法律によって個人に帰属することが認められているものを奪うのは、不正であると考えるのがふつうである。これは、正義と不正という言葉がごく明確な意味で使われている一つの事例である。すなわち他人の法律で定められた権利を尊重するのは正義であり、それを侵害するのは不正であるとみなされている。

ただしこの判断にはいくつかの例外があり、正義と不正の関連がもっと別の形で現れることがある。たとえばある人の権利が奪われたとしても、その人の権利は、よく言われる表現を借りれば、すでに剝奪されていた場合もある。これについてはいずれ検討することにしよう。

第二の事例――悪法によって認められた法的な権利の侵害

第二の事例としては、たしかにある人の法的な権利が侵害されたのではあるが、この権利はそもそもその人に帰属させるべきではなかった場合が考えられる。すなわちその人がそうした権利を認められていたのが、悪しき法律によってであった場合である。その法律が悪しき法律であるか、あるいはここでの議論にとっては同じことを意味するが、その法律が悪しき法律と考えられていたならば、そのような悪しき法律に反することは正しいことであるか不正なことであるかについては意見が分かれることであろう。

たとえどれほど悪しき法律であっても、それが法律であるからには個々の市民はそれに従わなければならないと考える人も、その法律に反対するのであれば、その権限を持った組織に法律の改正を要請すべきであって、法律そのものには従うべきであると考える人もいるだろう。ところがこのような考え方は、これまでの歴史において人類の最高の恩人とみなされるべき多くの人々を非難することになってしまう。こうした意見のために、有害な制度に対して有効であるべき手段［である批判］を無効にして、そのような悪しき制度が守られてしまうことが多かったのである。そのためこうした意見は、有害な制度を支持する人々が、便宜的な理由から擁護されることがある。このような意見の根拠とされるのは、法律に従うのは大切なことであるという感情を神聖なものとしておくことが、人類の共通の利益にとって重要であるという考え方である。

あるいはこれとはまったく反対に、ある法律が悪しき法律であると判断されていて、その法律を遵守することは不正であるとは言えないまでも、便宜に適っていない場合には、そうした法律には従わなくても非難されることはないと主張する人もいる。そうではなくて、法律に従わなくてもよいのは、その法律が不正な法律である場合に限られると考える人もいる。あるいは便宜に適わないすべての法律は不正なものであると主張する人もいる。というのもこうした人々は、あらゆる法律は人間の自然の権利である自由を制約するものであり、このような自由の制約は人々に利益を与えることによって正当なものとされない限り、不正なものであると考えているからである。

このようにさまざまな意見はあるが、こうした意見に一致しているのは、不正な法律というものが存在しうるものであること、こうした不正な法律はそのものとしては正義の究極の判断基準となりえないこと、法律というものはある人に利益を与え、ある人に害悪を押しつけるものであって、正義という基準からは非難されるべきものとなることもあるということである。

ただし法律が不正であると考えられる場合にも、不正な行為とは、法律に違反することが不正であるのと同じ意味で、不正なものであるとみなされている。すなわち法律が不正であるのは誰かの権利を侵害しているからである。ただしこの場合の侵害された権利は法的な権利ではないため、それとは別の名前が与えられるのであり、この場合には道徳的な権利が侵害されていると表現されるのである。このように第二の不正の事例では、ある人に与えられるべき道徳的な権利が奪われたか、与えられなかったことが不正とされるのである。

第三の事例――比例的な正義

第三に、それぞれの人は、それが善いものであるが悪いものであるかを問わず、自分に相応ないものを手に入れるのが正しく、自分に不相応なほどよいものを手に入れたり、不相応に悪いものを押しつ付けられたりするのは不正であるということではすべての人の意見が一致している。これは、世間において一般に正義とは何かについて考えるときにもっとも明確でもっとも強く信じられている考え方である。ただし〈相応である〉という概念が含まれているために、相応である（ふさわしい）というのはどのようなことであるかが問われることになる。

一般にある人が正しいことをすればその人には善がふさわしいのであり、不正なことをすればその人には悪がふさわしいということになる。さらに具体的に考えてみれば、ある人が他人に善をなしているか、あるいはそれ以前に善をなしたのであれば、他人から善をなされるのが相応であるのであり、他人に害をなしているか、あるいはそれ以前に害をなしたのであれば、他人から悪をなされるのが相応であるということになる。「悪には善によって報いよ」という格言があるが、[*9] これが正義の実現の実例とみなされたことはない。この格言はもっと別の考え方によって、正義がなされるべきであるという主張を退けたものとみなされているのである。

*9 「だれに対しても悪に悪を返さず、すべての人の前で善を行うように心がけなさい」(「ローマの信徒への手紙」第一二章一七節)。「悪に負けることなく、善をもって悪に勝ちなさい」(同、第一二章二一節)。

第四の事例——信頼関係を壊すことは不正

第四に、他者との信頼関係を壊すことは明らかに不正であるとされている。すなわち明示的にあるいは暗黙のうちに交わした約束を守らないことは不正であり、自分の行動によって相手に生まれた期待を挫くことは不正であり、少なくとも意図的に自分から進んで相手に生じさせた期待を挫くことは不正であるとされている。

ただしすでに検討してきたその他の正義の義務と同じように、この義務も絶対的なものとはみなされていない。これよりも強い別の義務がある場合には、そうした別の義務によって無効となることがありうるし、相手側の行為によってその義務を遂行する責任が解除されたり、相手側が期待する利益が奪われたりすることもある。

第五の事例——不公平に扱うことは不正

第五の事例として、不公平であるのは正義に反するものであることは誰もが認めている。ある人を好意的に扱ったり優先したりするのがふさわしくない場合に、他の人よりもその人を好意的に扱ったり優先したりする場合である。ただし公平であるということはそれ自体が義務とされるのではなく、もっと別の義務のための手段であるとみなされている。というのもある人物を好意的に扱うことや優先することは、つねに非難されるべきことではなく、実際に非難されるとすれば例外的な場合に限られると考えられるからである。他の義務に反する恐れがないのに、自分の家族や友人に対して、赤の他人に施す程度の親切しか与えない人は、称賛されるのではなく非難されることになるだろう。自分の友人や親戚や仲間の人々を他人によりも大切に扱ったからといって、その人が不正であるとみなされることはないだろう。

ただし権利が問題となる場合には、公平であることが義務となるのは明らかである。これは各人に権利を与えるという一般的な義務に基づくものである。たとえば裁判所はすべての人に公平でなければならないが、それは裁判所というものはその他の事情をまったく考慮することなく、争われている事柄について、争っている当事者のうちのどちらが権利を持っているかについて判決を下さなければならないからである。

あるいは公平であるということが、その人にふさわしいものを与えるということだけを意味することがある。裁判官や教師や両親としての立場から、その人にふさわしい賞罰を与える場合である。あるいは公共の利益を考慮して、公平さが実現されることもある。公務員を志願する人々のうちから、公共の利益にかなう人々を選別する場合である。

要するに公平であることが正義の義務であるためには、当面の問題について検討すべき事柄だけについて考慮し、このような考慮に影響するようなその他の誘惑的な動機を無視すれば良いと言えるのである。

平等の問題

公平さの観念と密接に結びついたものとして平等の観念がある。この平等という観念は正義の概念を構成することも、正義の実践においてその一部となることもあり、多くの人々が平等が正義の本質の一部であると考えている。ただしほかの多くの場合と同じように平等についても、正義の観念は人によって異なる。それぞれの人が功利についてどのように考えているかに応じて、正義の観念も異なったものとなる。すべての人に平等であることは正義によって命ぜられたものであると考えられているものの、不平等であることが便宜によって必要となる場合は、例外であるとされている。

権利そのものにおいて極端なまでの不平等を支持している人々であっても、すべての人の権利を平等に保護するのが正義であると主張することが多い。奴隷制度のある国においても、それほど重要ではない奴隷の権利が、主人の権利と同じように理論的には神聖なものとされるべきであるとみなされることがあり、裁判において奴隷の権利が主人の権利と同じように厳しく保護されない場合には、正義にもとるとされている。ところが奴隷に対してまったく権利を認めていない制度については、奴隷に権利を認めないことが便宜に反するものとは考えられないために、不正であるとはみなされない。

功利というものは身分の違いを必要とすると考える人々は、富や社会的な特権が不平等に与えられていても、そのことが不正であるとは考えない。ただしこのような不平等が便宜に反すると考える人は、そうしたことは不正であるとみなすのである。統治が必要であると考える人であれば、統治を担当する人々にたいして、他の人に与えられない権力を与える制度が存在するために不平等が生じても、そのことを不正とは考えないだろう。

人々はすべて平等であるべきであると考える人でも、何が正義であり何が不正であるかについての考え方は、便宜についての考え方の違いに応じて異なったものとなる。一部の共産主義者たちは、社会において労働によって生産されたものは、厳密な平等原則によって分配されるべきであり、それに反することは不正であると考えているが、他方で必要に応じて生産物を受け取るのが正義であると考える人々もいる。あるいは多く働いた人、多く生産した人、社会に価値のある役務を提供した人は、生産物の分配の際にも、多くを要求することができるのであり、それが正義であると考える人々もいる。これらの主張のどれを採用するとしても、自然的な正義の感覚にはもっともらしいものと感じられることになるだろう。

語源による考察

正義という言葉にはこのようにさまざまに異なる使い方があるものの、正義という言葉が曖昧だとは考えられていない。しかしこれらの異なる使い方のすべてに共通する要素を取り出して、正義という言葉に付随した道徳感情を本質的に決定しているものが何であるかを決めることは、かなり難しい作業である。ただし語源によって正義という言葉の歴史を考えてみることは、この難問を解決するために役立つだろう。

すべての言語ではないにしても多くの言語においては、英語の〈正義〉（ジャスト）に該当する言葉の語源は、実定法にかかわるものであるか、権威のある慣習にかかわるものである（こうした慣習は多くの場合、法律の原初的な形態となっている）。ラテン語の〈正義〉（ユーストゥム）という言葉は、〈命令されたもの〉〈ユーススム〉という言葉が変化した言葉である。〈法律〉（ユース）という言葉の起源も同じである。ギリシア語の〈正義〉（ディカイオン）という言葉はディケーに由来するものであり、この言葉は少なくとも古代の歴史的な時代のギリシアにおいては主として訴訟を意味した。ただしこの言葉はもともとは何かをなす方法あるいは作法を意味していたのであるが、すぐに家父長や裁判官や政治的な支配者などの承認された権威によって命じられた作法のことを意味するようになった。

ドイツ語では〈正義〉（レヒト）という言葉は法律を意味するものであり、そこから英語の

〈正しい〉（ライト）あるいは〈正義の〉（ライチャス）という言葉が生まれた。レヒトのもともとの意味は法律を指すのではなく、身体の姿勢の正しさを示していた。これは、英語の〈不正な〉（ロング）あるいはラテン語の同様な言葉は、〈捻れている〉ことや曲がっている（トーチャス）ことを示す言葉を指していたのと同じである。だから〈正しい〉（ライト）という言葉は最初は〈法律〉（ロー）を意味していたのではなく、その反対に法律という言葉が［姿勢の正しさという意味の］ライトを意味していたという説もある。これが正しいかどうかは別として、レヒトという言葉やフランス語のドロワという言葉がやがては実定法だけを意味するようになっていったのはたしかである。ただし法律によって要求されていない多くのことが、道徳的な廉直さや誠実さに必要であるということは、言葉の派生の向きが逆であったとしても、道徳的な観念のもともとの性質について考えれば重要なことである。〈正義の場〉という言葉や、〈正義を行う〉という言葉もやがては法廷や法の執行を意味するようになったのである。フランス語ではラ・ジュスティスという言葉は司法部を意味するものとして確立されている。

　わたしには法に適って行動するということが、正義という観念が生まれる際に母胎になった観念であるのは間違いないと思われる。キリスト教が生まれるまでは、ヘブライ人においては律法に従うということが、正義の観念そのものであった。ヘブライ人にとっては律法のうちに、掟というものが必要になるあらゆる問題が取り込まれており、しかも律法は神が民に直接に与えたものだと信じられていたのであるから、これは十分に予想されることであったろう。

しかしギリシア人やローマ人のようなヘブライ以外の民の国家においては、自分たちの法律はもともとは人間が作ったものであること、そして人間が作りつづけているものであることを知っていた。そのため人々が悪しき法律を作る場合があることを認めることを恐れなかった。そして個人が法によって認められていないために不正とみなされるような行為を遂行することも、同じ動機によって法律に従ってそうした行為を遂行することもありうることを認めるのを恐れなかったのである。

そのため法律に違反した行為のすべてに対して不正であるという感情が生まれるのではなく、あるべき法律や、あるべきであるのに実際には定められていない法律に反する行為だけに対して、不正という感情が生まれたのである。それだけではなく、あるべきではないとみなされた法律に反する行為に対しても、このような不正という感情が生まれた。このように法律と法の命令という観念は、実際に施行されている法律が正義の基準として受け入れられなくなった後も、正義についての考え方において重要な地位を占めつづけたのである。

正義の観念の変遷

ただし法律によって規制されていないか、法律によって規制することが望ましくないような多くの事柄についても、正義と正義の義務という観念が適用できると考えられていたのはたしかである。生活の隅々にいたるまで法律が干渉すべきであると考えている人はいない。それでもあらゆる日常的な行為が正義に適うものであったり、不正なものであったりしうるものであることは、誰もが認めているのである。このような場合にも不正とは、法であるべきものに背いた行為であるという考え方が、姿を変えて潜んでいる。

不正と思われる行為が罰せられるのは、わたしたちにとってつねに喜びであり、当然であるという感情をかきたてる——たとえわたしたちがそうした行為が法廷によって罰せられるべきであるとは考えないとしてもである。ただし場合によっては不都合になれば、このような気分を味わうのは諦めることになる。わたしたちは些細なことであっても正しい行為が強制され、不正な行為が抑止されるのを喜ぶものであるが、個人に対する無制限で過大な権限を統治者に与えることには懸念を抱くものであり、それには十分な理由がある。

ある人が正義によって何らかの行為をしなければならない場合には、その人はそのように行為することを強制されるべきであるというのが普通の言い方であろう。その場合にはその人がそのように行為することを強制する権利を持った者によって、そうした義務が施行されることを喜ぶのである。法律によってそのような義務を強制するのは望ましくないことが明らかになれば、そのように強制できないことを残念に感じるものであり、不正が罰せられないのは悪であると考え、そのような不正の行為をした人々に対して自分から非難し、さらに公衆が非難するようにしてその埋め合わせをするのである。このようにして法的な強制という思想は、依然として正義の観念を生み出す力をそなえている。ただし正義の観念が、進歩した社会状態において完全なものとなるためには、さまざまな変遷を遂げてきたのである。

正義の行為と不正の行為の違い

正義の観念の起源についてと、それがどのように発展していったかについては、このように説明できると思われる。ただしこの説明においては正義のもたらす義務と道徳的な義務一般とがどのように異なるかについてはまったく述べていない。それが問題になるのは、法の本質である刑罰の強制力の観念は、不正についての考え方だけではなく、悪しき行為についてのあらゆる概念にも含まれているからである。わたしたちが何かを悪しきものと呼ぶのは、そのような悪しきことをなした人は何らかの形で罰せられるべきであると考えているからである。法律によって罰せられるのではないとしても、同胞の人々の意見によって罰せられるべきであり、もしも同胞の人々の意見によって罰せられないのであれば、本人の良心の呵責によって罰せられるべきであると考えているからである。

道徳性とたんなる便宜との真の違いは、このように何らかの形で罰せられるべきであるとみなされるかどうかにあると思われる。どのような形の「義務」の観念においても、人間は誰でも義務を果たすことを強いられるのであり、それは正当なことであるという考えが含まれている。借金をしている人にはそれを返済するように強要することができるが、それと同じようにすべての人に対して義務を果たすように強要することができると考えられているのである。そうした行為を果たすことをその人に強要することができると考えられていないのであれば、それを義務と呼ぶことはない。その人に実際にその行為を行うことを強要する仕方そのものについては、その他の人々の理解を考慮することによって、あるいは慎重さという見地に立つことによって修正されるかもしれない。それでもその人は、義務とみなされた行為の遂行を強要されることに不満を述べることはできないことは明確に理解されているのである。

　これとは反対にわたしたちが人々に対して何かをなすことを望んでいるとしよう。そしてその人がそうした行為を遂行するならばわたしたちはその人を好きになるだろうし、称賛するだろう。もしもその行為を遂行しなければその人を嫌ったり軽蔑したりするかもしれない。しかしそのような場合にその人がその行為をするように拘束されていないことは、わたしたちも認めているのである。そうした行為を遂行することは、道徳的な義務とはみなされていない。そしてその人がそれを遂行しないとしても非難することはないし、そうした人が罰せられるべきであるとも考えない。

わたしたちがある人が罰せられるべきであるとか、罰せられるべきでないと考えるのはどのようにしてであるかということは、おそらく本書でいずれ明らかにしていくことになるだろう。しかし正義とか不正という考え方の根底に、このように罰せられるべきであるかどうかという考え方があるのは間違いのないことである。ある行為をする人を罰すべきであるとわたしたちが考えるならば、そのような行為を不正と呼ぶのであり、罰するほどではないと考える場合には、そうした行為について嫌悪や非難を示す言葉を使う。わたしたちがある行為を遂行するように義務づけられていると考えるならば、そうした行為は正しい行為と呼ぶのであり、説得したり懇願したりして遂行されるにすぎない行為は、望ましい行為とか称賛すべき行為であると語るのである。★

★**原注**　ベイン教授は、人間の精神について著した精密で深淵な著作を二冊刊行しているが、その二冊目の著作である『倫理的感情あるいは道徳感覚』という著作の優れた章において、これについて主張し、説明しているので参照されたい。

正義の行為と道徳の行為の違い

ただしこれは道徳一般と、それ以外の「便宜」や「相応さ」の領域を区別する違いにすぎないのであり、道徳一般と正義の違いを示すものではない。正義の領域と道徳のその他の領域を区別すべき特徴はまだ明らかになっていないのである。ところで倫理学者たちは道徳的な義務を完全義務と不完全義務の二種類に分割している（これはあまり適切な呼び名ではない）。不完全義務とは、その行為を遂行することは義務づけられているのではあるが、どのような特定の機会にその義務を遂行するかについては、行為を遂行する人に委ねられているのである。すなわち慈善活動や寄付のように、その行為を遂行すべきであるのはたしかであるが、どのような人物が、どのような機会にその義務を遂行するかについては定められていないのが、不完全義務である。

これに対して法哲学の専門家の正確な表現によると、完全義務とは一人または複数の人物のうちに、その行為が遂行されることを要求する権利がそなわっている義務のことである。他方で不完全義務とは、誰に対してもいかなる権利も発生させることのない道徳的な義務のことである。この区別は正義とその他の道徳的な義務の違いを正確に示したものであることが明らかになるだろう。

わたしたちはこれまで正義という言葉について、世の中の人々がどのように考えているかを検討してきたが、この言葉には一般に個人的な権利という意味が含まれているようである。すなわち法律によって人々は所有権やその他の法的な権利を認められているのであるが、一人または複数の人が個人的な権利をもつことを認められるのは、正義によってなのである。不正な行為としては、人々からその所有物を奪う行為であるとか、他人の信頼を裏切る行為であるとか、その人にふさわしい待遇を与えない行為であるとか、他の人々と同じような待遇を求める権利があるのに、その人にそのような待遇を認めない行為などがあるが、これらの不正な行為には次の二つのことが含まれているようである。すなわち何か悪しきことが行われたということと、ある特定の人物にその悪しきことが行われたということである。ある人物を他の人物よりも厚遇することによって不正を行うことができる［のであり、ここでは悪しきことが行われていないように思われるかもしれない］。ただしこの場合には悪しきことが行われたのは厚遇された人物のライバルである人々であり、しかもそれが誰であるかは明らかになっているのである。

このようにある人に道徳的な義務に相当する権利が認められているという状況は、正義と寛大さあるいは慈善とを区別する重要な特徴になっていると思われる。正義という概念は、あることを遂行するのが正しいことであり、遂行しないのは正しくないことであるという意味だけではなく、ある人物が、その行為が遂行されることを自分の道徳的な権利として要求することができるという意味を含んでいる。いかなる人も、わたしたちが寛大に振る舞ったり慈善行為を行ったりすることを要求するような道徳的な権利はもっていない。わたしたちは特定の人物に対してこのような善き行為をすることを、道徳的に義務づけられていないからである。

正確な定義についてつねに言えることであるが、定義に反すると思われる事例は、その定義の正しさを明らかにするためにきわめて役立つものである。一部の道徳論者が主張しているように、特定の個人ではなく人類全体に、わたしたちがなしうるあらゆる善き行為を要求する権利がそなわっているのだとすれば、寛大さや慈善行為も正義の概念に含まれてしまうことになるだろう。このように主張するなら、わたしたちが正義を遂行することは人々全般に返済すべきものを返済するような行為になってしまい、最大限の努力をもってなすべきこととみなされてしまうだろうし、その場合には正義は借金の返済のようなものとなってしまうだろう。あるいは社会がわたしたちにしてくれたことに対して最大限の努力をしなければ十分な返礼をすることができないと考えるのであれば、正義は恩義に報いることの一種だと言わざるをえないだろう。このような返済も返礼も、正義と分類されることになる。

ところで、そのような行為を要求する権利が存在するのであれば、それは正義にかかわる事柄であり、慈善の徳にかかわる事柄ではない。ここまで説明してきたような形で正義と道徳一般とを区別しなければ、正義と道徳の違いはまったく存在しなくなり、道徳はすべて正義に含まれてしまうのである。

正義の感情

これまで正義という観念を構成する明確な要素について確認してきたので、正義の観念に付随する感情が、自然の特別な働きによってその観念に付随して生まれたのかどうか、それとも何らかの既知の法則によって正義の観念そのものから生まれたのかどうか、具体的には、一般的な便宜とのかかわりによって生まれたのかどうかについて、明らかにする準備ができたことになる。

わたしには正義に関する感情が、一般に便宜の観念と呼ばれているものから、少なくとも正しい意味で便宜の観念と呼ばれているものから生じることはないと思われる。ただし正義に関する感情ではなく、正義の観念のうちにある道徳的なものはすべて、便宜の観念から生まれたものである。

すでに確認したように正義の感情には二つの基本的な要素が存在する。一つは害を加えた人物を処罰したいという願望であり、もう一つは被害をこうむった一人または複数の人物が存在することを知っているか、存在すると信じていることである。

ところである個人に害を加えた人物は罰すべきであるという願望は、次の二つの感情、すなわちすなわち自己防衛の衝動と共感の感情から自然に生まれるのであり、どちらもきわめて自然な感情であって、本能的なものか、本能に似たものである。

わたしたちに対して、あるいはわたしたちが共感を抱く人々に対して害がなされたか、害をなすことが試みられた場合には、そのことに憤慨したり、嫌悪感を覚えたり、報復しようとすることは自然なことである。この感情がどこから生まれるかについてはここでは検討する必要はない。これが本能的なものであるか、知性によって生まれたものであるかは別として、これらがすべての動物の本性に共通したものであることは明らかである。というのはすべての動物は、自分や自分の子供を傷つけたか、傷つけようとしていると思われる相手に対しては、害を加えようとするものだからである。

ただしこれについては次の二つの点で、人間はその他の動物とは異なっている。第一に人間には共感の感情があるために、子孫に共感するだけではなく、一部の高等動物のように自分たちに親しく接してくる動物に共感することができる。さらにすべての人間に対して、あるいは感覚を持つすべての生き物に対して共感することができる。第二に人間は高度に発達した知性をそなえており、これによって利己的な感情であるか共感的な感情であるかを問わず、人間の感情の範囲が動物よりも広くなっている。このように知性が優れているために、人間が共感できる範囲が広いだけではなく、自分自身と自分がその一部である人間の社会に共通の利益についても理解することができる。そのため社会一般の安全を脅かす行動はどれも、自分自身の安全を脅かすものとして感じられるのであり、自己防衛の本能を呼び起こすのである（これを本能と呼べるとしてのことであるが）。

このような知性の高さに、人間全般に対する共感の力が加わることによって、人間は自分の種族や祖国や人類全体という集合的な観念を愛するようになり、こうしたものを傷つけるような行為が行われると、こうした共感の本能が働いて、それに抵抗するように促されるのである。正義の感情は、罰したいという願望を構成する一つの要素であり、このような正義の感情というものは人間に本来そなわっている報復や復讐の感情であると思われる。復讐の感情は知性と共感の働きによって、社会全体を通じてわたしたちを害するか、社会全体に共通に存在する危害としてわたしたちのそれぞれを害するような危害に対して発生するのである。

この感情はそれ自体としては道徳的なものを含んでいないが、この感情が社会的な共感に全面的に呼応して、こうした感情の求めることに応じるようになると、道徳的なものになる。というのはわたしたちに不愉快なことをする人に対しては、わたしたちはどのようなことでも憤慨するのが自然な感情というものであるが、これが社会的な感情によって道徳的なものとなると、社会全体の善にふさわしい方向だけで働くようになるからである。だからこそ正義の人物は、自分自身にとって有害ではないとしても、社会を害するものに対しては憤慨するのである。そして自分自身に害を加えるものについては、どれほど苦痛なものであったとしても、それを防ぐことが社会の共通の利益になるものに限って、憤慨するようになるのである。

行為の道徳性

あるいはわたしたちが正義の感情が踏みにじられたと感じるときには、社会全体の利益や集団的な利益のことなどは考えておらず、自分の利益のことしか考えていないのではないかと反論されるかもしれないが、この反論はすでに述べた理論に対する異議申し立てにはならない。褒められたことではないが、わたしたちはたしかに自分に害が加えられた時に憤慨する。しかし真の意味での道徳的な感情によって憤慨している人であれば、言い換えれば憤慨する前にそうした行為が非難すべきものであるかどうかを考えるような人であれば、自分が憤慨しているのは社会のためであるなどと口に出して言わないかもしれないが、憤慨することによって自分自身にも、その他の人々のためにも役立つ規則を主張していると感じるのはたしかである。そのように感じることなく、有害な行為を自分個人だけに影響するものとしてしか考えていない人であれば、その人は正義の行為をしていると意識しておらず、自分の行為の正しさについて考えていないのである。

このことは功利主義に反対する道徳論者たちも認めていることである。すでに述べたようにカントは根本的な道徳の原理として「自分の行動原理が、すべての理性的な存在者によって普遍的な法則として認められるような規則に従って行動せよ」と語っている。このように語ったときにカントは、行為の道徳性について意識的に判断する際には、行為する人物は人類全体の利益、少なくとも人類全般について分け隔てなく考えた利益を念頭に置いていなければならないことを実質的に認めているのである。それでなければカントは意味のない言葉を語ったことになる。

あらゆる理性的な存在者が、完全に利己的なだけの規則を採用することなどはどうしてもありえないことであるとか、そのような利己的な規則を採用することを妨げるものは本質的に存在していないなどということをまともに主張することなどは、まったく不可能なことだからである。カントが示した原理に意味があるとすれば、わたしたちはすべての理性的な存在者の集団的な利益にとって有益なものとなる規則によって自分の行動を律するべきであるということでしかありえないからである。

正義の感情の二つの要素

すでに述べてきたことをまとめてみると、正義の観念というものは、何らかの行為の規則の存在と、その規則を是認する感情の存在という二つのものを前提としている。第一の要素である行為の規則は、すべての人間が共有するものであって、すべての人間の善を目指すものとみなさなければならない。第二の要素である感情は、規則に違反した人々が罰せられるべきであるという願望である。そこには規則への違反が行われたために被害を受けている人々が存在するという考えが含まれている。この場合にふさわしい言い方をすれば、規則への違反によって権利が侵害された人がいるという考えである。

ところで自分や自分が共感している人々に加えられた危害や損害に反撃したいと望んだり報復したいと望んだりするのは、ほとんど動物的な願望である。それだけでなく、人間には広い意味での共感の感情があり、賢明な自己の利益という考え方がそなわっているために、これはすべての人々に共通した願望である。わたしの考えでは正義の感情とはこのようなものであるのであり、この感情に含まれる人間的な要素のために、この正義の感情は道徳的なものとなっているのであり、この感情にそなわる動物的な性格のために、正義の感情に特有の印象の強さと訴求力が生じているのである。

権利を構成する二つの要素

わたしはこれまで、他者から危害を加えられたために、そうした危害によってその人の権利が侵害されるという考え方について検討してきた。これを正義の観念や感情のうちに存在する独立した要素として考えるのではなく、二つの要素が現れるときに明らかになるものとして考えてきたのである。この二つの要素とは、一人または複数の特定可能な人物に害が加えられたという要素と、それに対する罰が加えられることを求める要求が存在するという要素である。自分の心に問いかけてみれば明らかなように、わたしたちが権利の侵害について考えるときには、つねにこれらの二つの要素が含まれている。

　わたしたちがある人に権利がそなわっていると主張するときには、その人は自分が所有するものが法の力や教育や世論の力によって保護されることを社会に要求するのは正当であると考えているのである。言い換えればその人が自分の持っているものが保護されることを社会に要求することが妥当なことと思われるのであれば、その人はそのものに対して権利を持っているとわたしたちは考える。もしもその人があるものを所有しつづけるためには、社会がその所有を保護するために何らかの措置を取るべきではなく、それはその人の努力や偶然に委ねておけばよいと考えるのであれば、そのことによってその人物はその所有物を権利によって所有していないことが証明されるのである。

だからある人物が職業上の公正な競争によって獲得した物を所有する権利があると言えるのは、その人が努力して公正な競争においてそのものを獲得しようとしている際に、ほかの人がそれを妨げることを社会が許容すべきでないと考えられる場合である。もしもこの人がたまたま一年間に三百ポンドの収入を得ていたとしても、その人がその金額を手に入れることができるようにすることが社会に要求されていないのであれば、その人はその金額を獲得する権利を持っているわけではないのである。しかし年利三パーセントの債券一万ポンドを所有している人は、一年間に三百ポンドの収入を獲得する権利を持っている。というのは社会は、その人がこの金額を獲得するようにするための措置を講じる義務を負っているからである。

正義と不正についての感情の強さ

このように権利を持っているということは、その権利を所有する人に対して社会が保護を与えるべき何かを所有しているということである。もしもこの考え方に反対する人が、社会はなぜそうすべきなのかと尋ねられたとすれば、それは社会全体の功利のためであるとしか答えることができない。この答え方では、義務を負うということの厳しさについて十分な感覚を伝えることはできないかもしれないし、この感覚にそなわる特有の力強さを説明することができないかもしれない。そうだとすればそれはこの感情が複雑な構成のものであって、理性的な要素だけではなく、報復を求めるという動物的な要素によっても構成されているからである。そしてこのような報復を求めるという渇望とその道徳的な根拠には、このようなきわめて重要で印象的な性格のそなわるような種類の功利がそなわっているために、その力強さが生まれているのである。

安全の重要性

ここで問われているのは安全という利益である。これはすべての人が、あらゆる利益のうちでももっとも重要な利益であると感じているものである。その他のほとんどすべての現世的な利益は、それを必要とする人も、それを必要としない人もいるだろう。またこうした現世的な利益の多くは、やむを得ない時には諦めたり、別のもので我慢したりすることができるようなものである。しかしどのような人にとっても安全というものだけは、なしで済ますことはできない。

安全が確保されていればこそ、わたしたちはあらゆる害悪から免れることができるのであり、その他のあらゆる善なるものの価値も、現在の瞬間だけではなく永続的に確保されているのである。というのも一時的にであってもわたしたちよりも強い力を持った人が、すぐにわたしたちからあらゆるものを奪い取れるのであれば、どのようなものを手に入れたとしてもそれは束の間の満足を与えてくれるという価値しかもたないものとなるだろう。

このように安全というものは、身体を養う食物に次いで何よりも不可欠なものであり、それを確保する仕組みが絶えず積極的に働いていなければ、手に入れることができないものである。そのためわたしたちの生存のためにもっとも必要な土台となるものを安全に確保するために人々が力を合わせるべきであるという要求は、つねに強烈な感情を引き起こすのであり、この感情は一般的な功利の場合に生じる感情よりもはるかに強力なものである。安全の場合には、心理にかかわる事柄ではよくみられるように、程度の違いが実際には種類の違いにまで高まってしまうのである。

　安全に対するこうした要求は、絶対的なものであるという性格を帯びているだけではなく、明らかに制限のないものであって、その他のすべての要求とは別次元のものであるという性格を帯びている。正義と不正についての感情と、便宜であるかどうかについてのその他の感情を区別するのは、このような要求の強さである。正義と不正についての感情はきわめて強烈なものであり、当事者となるすべての人々のうちにこれと同じような感情をみいだすことができると確信できるほどである。このように、何かをなすべきであるとか何かをした方がよいという主張が、何かをしなければならないという主張にまで発展し、必要不可欠なものとみなされ、道徳的な必然性になるのである。この道徳的な必然性は物理的な必然性に似たものであり、その拘束力の強さでは物理的な必然性に劣らないことも多いのである。

正義と功利

これまでの分析によって、あるいは分析に似たようなものによって、正義の観念が正しく説明されていないとすれば、そして正義が功利とはまったく別のものであり、それ自体として独立した基準であって、わたしたちの心はたんに自らについて省察するだけでその基準を認識できると考えるならば、どうなるだろうか。その場合には、わたしたちの心のうちに聞こえてくるお告げのようなものがなぜこれほど曖昧なのか、なぜこれほど多様なものが、見方によって正しいものと見えることも不正なものと見えることもありうるのかということが、説明できなくなってしまうだろう。

功利というものは不確実な基準であって、解釈する人によって違った解釈が示されるものだという意見をしばしば耳にする。そして変わることなく、誤謬を犯すことがなく、取り違えることがないものは理性の命令だけであるとか、理性の命令にはそれ自体のうちに証拠が含まれていて、人々の見解の変化などは独立したものといった意見を聞かされるものである。こうした意見に基づいて、正義というものについては論争などありえないと考える人もいるかもしれない。数学の論証と同じように、正義の観念をわたしたちの規範にすれば、どのような事例にも確実に適用することができると考える人もいるかもしれない。

ところがこのような意見は事実にまったく反したものである。実際には社会にとって何が有益であるかについて意見が分かれているのと同じように、正義とは何かについても意見の違いが生じているのであり、激しい論争の対象となっているのである。国によってあるいは個人によって、正義とは何であるかについての考え方が異なるのである。それだけではなく同じ人の考えにおいても、正義が何らかの一つの規範として、原理として、準則としてつねに同一のものとされているわけではない。同じ人のうちにもさまざまに異なる判断基準があり、それぞれの命じるものはつねに一致するとは限らないのであり、それぞれの人はそのどれを選ぶかを決定する際に、正義以外の原理や自分の個人的な好みに頼っているのである。

さまざまな異論

たとえば、他の人の見せしめにするために誰かを罰するのは不正であると主張する人がいる。刑罰というものが正義であるのは、被害を受けた人の善のためである場合に限られると考えるのである。これに対して分別を持つ年齢に達した人を、その人の利益のために罰することは専制的であり不正であると考える人もいる。問題となっているのが本人の善だけであれば、その人の善について判断する権利は本人のほかには誰にもそなわっていないはずだからである。

しかし他人に対する危害を防止するためであれば、罰を与えることは自己防衛の正当な権利の行使であると考えることができるだろう。さらにオウエン氏は、処罰するという行為そのものが不正であると断言している。*10 というのも犯罪者の性格というものは、自分自身で作り上げたものではなく、その人が受けた教育と周囲の状況のために、その人は犯罪者となったのであり、そのことに対して本人には責任はないというのである。

これらの異論はどれもごくもっともなものであり、正義だけを問題としていて、正義よりも深いところで正義に権威を与えている原理を探求しない限り、誰もこれらの異論に反論することはできないと思われる。というのも実際のところはこれらの三つの主張はどれも、正義について正しいと思われる以下の三つの規則のいずれかに依拠しているからである。

第一の主張は、ある人を犠牲者として選び出して、本人の同意なしに、他の人々の利益のために犠牲にするのは不正であるという規則に基づいており、この規則の正しさは一般に認められている。第二の主張は自己防衛についての正義の規則、すなわちある人にとって何が善であるかについては、他人の意見によって決めることはできないという規則に基づいているのであり、この規則の正しさも一般に認められている。第三のオウエン派の主張は、本人にとって避けられないものであった事柄に関して処罰するのは不当なことであるという規則に基づいているのであり、この原理も一般に認められている。

どの主張も、自ら選んだ正義についての規則に依拠していて、正義についてのその他の原則を考慮に入れないですむかぎりでは、自らの主張は正しいと自負することができる。しかしこれらの規則をたがいに正面から対決させてみれば、どの規則にもそれなりに正当な言い分があることがすぐ分かる。どの説を主張する人も、同じように根拠のあるその他の主張を無視しないのであれば、正義についての自分の主張の正しさを唱えつづけることはできなくなる。それがこれらの主張の難点であり、どの主張を唱える人もこの難点を自覚しているのであり、これらの難点を克服するというよりも回避するために、さまざまな工夫を凝らしているのである。

第三の［オウエン派の］主張の難点を回避するために、意志の自由という観念が提起されてきた。それ以前の状況によってまったく影響されずに、忌まわしいことを望むような悪しき意志を持っているのでなければ、そのような悪しき意志を持つ人も処罰することはできないと

＊10　ロバート・オウエン（一七七一～一八五八）はイギリスの協同組合運動の創始者で、工場労働者の生活と教育を改善することによって、生産活動だけではなく社会全体の水準を向上させることを目指していた。ベンサムの功利主義の原理を採用し、ベンサムはオウエンの活動に出資していた。オウエンは犯罪は幼児の頃からの生活水準と教育の低さによって発生する傾向が強いことを指摘し、本人の罪であるよりも環境の劣悪さの罪が大きいと考えていた。オウエンは「罰せられるべきは、貧しく、教育もなく、保護もされぬ罪人ではないのであって、彼らの過ぎし年月は、もしそれを語る言葉があれば、誤った社会からのみ生じた絶えざる悲惨の生活を示すことであろう」（ロバート・オウエン『社会に関する新見解』白井厚訳、『世界の名著』第四二巻、中央公論新社、一三三ページ）と語っている。そしてこうした状況を改善しなかった立法者たちこそ「厳格公平な正義に照らして法の裁きを受けねばならぬ」（同）と主張する。

いうのである。

その他の難点を回避するために、契約という虚構が作り出されたこともある。この理論によるといつのことかわからない昔のある時点において、社会のすべての構成員が法律を遵守するという契約を締結したのであり、法律に違反した場合には罰せられることが合意されたのだという。これによって法律に反した人物その人と社会全体の善のために、法律の制定者がその人を罰する権利が認められたのであり、このような権利は契約によらなければ認められるはずがないというのである。

この巧みな考え方はすべての困難な問題を取り除くために作り出されたものであり、一般に認められている正義の準則である「害を加えられることを望んでいる者には、害は害とならない」という規則によって、処罰が正当化されるというものである。すなわちある人に害が加えられたとしても、その本人がそのことに同意しているのであれば、それは不正ではないというのである。

このような同意が本当に獲得されていたとしても、そうした準則はそれに対立するとみなされるその他の準則と比較して、とくに優れた説得力をもつものではない。この準則はむしろ、正義の準則とされるものがどれほどいい加減で不規則な形で生まれたのかを示す好例となっている。この特異な準則は、法廷において困ったときに使える便利なものとして利用されるようになった。法廷にあっては原則を厳密な形で適用しようとすれば、さらに大きな弊害が生じることがあるために、ときには不確実な想定に基づいて決定を下さなければならないこともある。しかし法廷にあっても、偽りの証言が行われたという理由で、あるいはたんなる錯誤や誤解が存在していたという理由で、本人の意志によって締結された契約が無効なものと認められることもある。

報復律の妥当性

さらに罰を与えるのが正当であることが認められたとしても、罪を犯した者にどのような罰を与えるべきかについての議論において、正義というものについて、実に多くの対立する考え方が露わになる。この問題に関しては、「目には目を、歯には歯を」という同害報復の法則（レクス・タリオニス）ほど、正義の原初的で自然発生的な感情を強く表現したものはないだろう。この原則はユダヤやイスラームの法律にみられるものである。ヨーロッパでは実際の処罰の原則としては一般に放棄されているが、心の中ではまだこれを望む人が多いのではないかと思われる。

罪を犯した者に、この報復律にかなった形で罰が与えられると、人々は満足した感情を漏らすのであり、そのことはこのような報復の原則を受け入れる感情がどれほど自然なものであるかを明らかにしている。多くの人にとっては処罰を与える際の正義の基準は、処罰が罪の大きさに比例しているかどうかにある。すなわち罰の大きさが、罪を犯した人の道徳的な有罪性に正確に比例したものであるべきであるとみなされているのである。ただし道徳的な罪の大きさをどのようにして測定するかという基準はさまざまなものであり得るだろう。

これらの人々の考え方においては、どのような罰の大きさであれば、罪を犯すことを防げるかという問題は、正義とはまったく別のこととして考えられている。ところが別の人々によると、まさにこのことこそが何よりも重要な問題なのである。こうした人々の意見では、ある人がどのような罪を犯したとしても、その人がふたたび罪を犯さないようにするため、あるいはその他の人々がそうした犯罪を模倣するのを防ぐために、処罰の際に必要最小限の苦痛を与えるのが正義に適うことであり、これを上回る苦痛を与えるのは、正義に反することになる。

能力給の実例

すでに述べたテーマに関連してもう一つ別の実例を考えてみよう。協同組合のような産業的な組織において、優れた才能や技能を持つ人に特別な報酬を与えるのは正しいことであろうか。これを正しくないと考える人々の意見では、誰でも最善の力を尽くしているのであれば平等に扱われる価値があり、才能や技能が劣っているとしても、それは本人の落ち度ではないのであり、そうした人を冷遇するのは不正であるとされている。優れた能力がある人は、他人からそのことで称賛されるし、他人に個人的な影響力を行使できることで満足を感じているのであり、それで世俗的な意味で十分な幸福を獲得しているのであるから、それ以上の大きな分け前を与えるべきではないとされる。本人の責任もないのに、能力がないために不利な立場に立たされている人々に、そのような不平等な立場を補うのではなく、［才能のある人を優遇することで］その人の不利な状態をさらに深刻なものとしてしまうのは、社会にとっての正義ではないというわけである。

これに反対する人々は、有能な労働者によって社会は大きな恩恵を受けていることを指摘する。こうした労働者の仕事は有益なものであるから、社会はこうした労働者の仕事に報いるべきである。社会が受け取っている恩恵は、そうした労働者のおかげで大きくなっているのであり、その増えた部分に対して労働者が要求するものを与えないのは、ある種の盗みに等しいものとなるだろう。こうした労働者が他の労働者と同じ報酬しか受け取らないのであれば、社会はこうした労働者の持つ能力の大きさに反比例する形で、働く時間と努力の大きさを減らしてやって、他の労働者と同じ程度の成果しか求めないようにするのが正義であることになる。

これらの議論はたがいに対立した正義の原則を主張しているのだが、そのどちらを採用すべきなのであろうか。この事例では正義は二つの対立した側面をそなえており、この対立を調停することができない。意見が対立する人々はそれぞれにふさわしい正義の側面を主張しているのである。一方では、個人が何を受け取れば正義と言えるかに注目し、他方では社会が何を受け取れば正義と言えるかに注目している。どちらの側も、その人の採用している側の正義の観点に立つかぎり、反論する余地のない正当な主張になっている。そして正義という観点から見るかぎり、どちらの側を採用しても恣意的なものとならざるをえない。どちらを採用すべきかを決めることができるのは、社会全体の功利という観点だけである。

課税額の実例

国民にどのようにして課税するかについても、たがいに和解することのできない複数の正義の基準が提起されている。所得の額に比例した金額を、税金として国に納めるべきであるという意見がある。これに対して累進課税こそが正義であるという意見もある。累進課税方式では収入が多くて余裕のある人から、より多くの税金を徴収すべきだと考えられている。

さらに自然の正義という観点からみれば、収入の大きさはまったく無視して、可能なかぎりすべての人からまったく同額の税金を徴収すべきであるという意見も強固な根拠をそなえたものであろう。会食の参加者やクラブの会員に対しては、その人に支払能力があるかどうかを問わず、同じ特権が与えられるのであればまったく同じ金額を支払うべきであるとされるが、それと同じだというわけである。

法律と統治による保護はすべての人に与えられるものであり、すべての人が必要としているものであるから、これを購入する人が同じ金額を支払うのは不正なことではないと主張されることになる。ある商品を販売する人は、買い手の支払い能力に応じて異なった金額を請求するのではなく、同じ商品に対しては同じ金額を請求するのであり、それは不正なことではなく正義に適ったことであるとみなされている。

ただし課税についてもこの理論を適用することを主張する人はいないが、それはこの理論が人間性についての人々の感情や、社会のもたらす便宜についての考え方と正面から対立するからである。ただしこの理論が唱えている正義の原則は、これに反対している人々の唱える原則と同じように正しいものであり、同じような拘束力をそなえたものである。このためこの理論は、課税額を評価する別の方法を支持する人々の主張にも、目に見えない影響を与えている。富裕層の人々に累進的な税金をかけることを正当化する根拠として主張されているのは、国家が貧しい人々よりも富裕な人々に多くの利益を与えているということである。ただしこの主張は誤っており、富裕な人々は法律や統治が存在しないとしても、貧しい人々よりも巧みに自分を守ることができるのであり、実のところは法律や統治が存在しないほうが、貧しい人々を奴隷にすることによって栄えることができるだろう。

別の人々は同じ正義の考え方に基づいて、身柄の保護は誰にとっても同じ価値のあるものだから、すべての人は自分の身柄を保護するために同じ金額の人頭税を納めるべきであるが、財産の大きさには違いがあるのだから、財産の保護に対しては異なった金額の税金を納めるべきだと主張している。この議論に対してはさらに別の反対意見があり、「財産の大きさは違うとしても」すべての人にとって、自分の全財産の価値は同じように貴重なものであると主張されている。このような混乱した議論から抜け出すには功利主義の方法しか残されていないのである。

正義と便宜の違い

それでは「正義」と「便宜」の違いは、頭の中で考えられただけのものなのだろうか。人々は正義というものは便宜性《ポリシー》よりも厳粛なものであり、便宜性というものは正義が実現された後にはじめて配慮すべきものであると考えてきたのだが、これは幻想にすぎないのだろうか。そのようなことはない。正義という感情の性格と起源についてこれまで行なってきた考察は、正義と便宜についての現実の区別を認識したものである。行為の結果を道徳の要素として認める[功利主義の]考え方に対してきわめて軽蔑的な姿勢を示している人のうちでも、わたしほどこの区別を重視している人はいないだろう。

わたしはどのような理論でも、功利を基礎としない正義の架空の基準を打ち出す理論には、強く異議を唱えている。そして功利を基礎とした正義というものは道徳のうちの主要な部分であり、比較できないほどに聖なるものであり、しかも拘束力のあるものであると考えている。正義とは道徳の規則のうちの特定の種類のものに与えられた名称であり、これらの道徳の規則はわたしたちの生活を導く指針となるその他のどの規則よりも、人間の幸福に密接に関連するものであり、他のいかなる規則よりも絶対的な義務としての力をそなえたものである。そしてわたしたちはすでに、正義の観念の本質をなすのは、個人には権利がそなわっているという考え方であって、この考え方はこうした規則の持つ絶対的な義務としての力を証言するものであり、その力のありかを示すものであることを確認してきたのである。

もっとも重要な道徳規則

道徳規則のうちでは、人々がたがいに傷つけ合うことを禁止する規則は、その他のどのような準則よりも人類が幸福になるために重要なものであり、これには他人の自由に不正に干渉してはならないという規則が含まれていることを忘れてはならない。その他の準則はどれほど重要であるとしても、人間の生活の特定の部分を管理するための最善の方法を示すものにすぎない。この規則にはさらに、人類の社会的な感情の全体を決定する重要な要素であるという特別な特徴がそなわっている。これは人類のうちに平和を保つことができるのは、人々がたがいに傷つけ合うことを禁止するこの規則を遵守することによってである。すべての人々がこの規則を遵守するのであって、この規則に違反するのは例外的なことであるからこそ、すべての人が他人を自分の敵であるのではないかとか、そのような敵にそなえて絶えず自衛していなければならないなどと、考えないですむようになっているのである。

これに劣らずに重要なのは、人々がこの規則を遵守することを他人に強制することには、きわめて強力で直接的な動機がそなわっていることである。他人に対して思慮深くあれと指示したり、説得したりするだけでは、いかなる利益もえられないのであり、少なくとも当事者たちはいかなる利益もえられない。というのも、たがいに他者に恩恵を施すことが義務であることを教え込んだならば、それはたしかに人々にとって利益となることであるだろうが、その利益はさほど大きなものではないだろう。ところがどの人も他人から恩恵を与えられることを必要としないことはあるとしても、他人が自分に害を与えないことは、つねに必要とするのである。

だからこそ他人によって直接に害を加えられないことを求める道徳、あるいは自分自身の善を自由に追求することによって他者から害を加えられないようにすべての個人を保護する道徳は、人々が何よりも大切にする道徳なのである。そしてこの道徳が言葉や行いによってすべての人々に周知され遵守されることに、誰もがきわめて強い関心を抱くのである。人々がこれらの道徳規則を遵守するかどうかは、その人が人類の一員としてふさわしい存在であるかどうかを示すものであり、決定するものである。この規則が遵守されるかどうかによって、その人物が接する人々にとって、その人が迷惑な人物となるかどうかが決まるからである。そして正義の義務を構成するのは、何よりもこうした道徳的な規則なのである。

不正の最大の事例は、他人に対して不当な攻撃が行われるか不当な権力が行使されることであり、このような事例に対してこそ、不正に対する感情に特徴的にみられる嫌悪感が顕著に表明されるのである。これに次いで重要な不正の事例となるのは、ある人が正当に受け取るべきものが与えられないという不当な行為である。どちらの行為も直接にその人を苦しめるか、身体的な理由あるいは社会的な理由によって、その人が受け取ることを期待することができる何らかの財を奪うものである。

このような重要な道徳の規則を遵守することを命じるこの強力な動機はまた、これらの原則に違反する人々を処罰することを命じる強力な動機ともなる。そしてこの原則に違反する人々から自己や他者を防衛しようとする衝動や復讐の衝動が生じてくるのに応じて、「悪には悪を」という報復の感情が正義の感情と密接に結びつくようになり、そうした感情が正義の観念のうちにつねに含まれるようになる。それと同じように「善には善を」という原則もまた正義の命じるものとなる。

この原則の社会的な効用は明らかなものであり、人間の自然な感情を伴うものでもあるが、一見したところ損害や侵害と明確な結びつきはないようである。正義や不正のもっとも基本的な事例においては、こうした結びつきが存在していて、不正についての人間の自然な感情に特有の強さの源泉となっているものである。そしてこうした結びつきは、それがそれほど明白なものではないとしても、実際には存在している。恩恵を受けていながら、求められた時にそれに返礼するのを拒む人は、もっとも自然で妥当な他者の期待に応じないことによって、現実に他者に危害を加えているのである。

恩恵を受けた人は少なくとも暗黙のうちには相手がこのような期待を持つように仕向けて

いたのであり、それでなければその人に恩恵が与えられることはなかったであろう。人間のなす悪事と不正の行為のうちで、相手の期待を裏切ることがきわめて重要な地位を占めていることは、友情を裏切ることと約束を守らないことという二つのきわめて不道徳な行為が、重要な犯罪とみなされていることからも明らかである。

人間にとってもっとも耐えがたい危害で、もっとも大きな傷を与えるのは、それまでずっと心から信頼していた人が、いざという時になって頼れない人になってしまうことである。このように「それまで期待されていた」善を与えないという行為ほどに悪しき行為は数少ないのである。そうした行為によって実際に苦痛を与えられた人にとっても、その人に共感しながら眺めている人にとっても、これほど腹立たしいことはない。そのためそれぞれの人に相応《ふさわ》しいものを与えよという原則は、すなわち悪には悪を、善には善を与えようという原則は、わたしたちがこれまで定義してきた正義の考え方の中に含まれるだけではない。人間を評価する際に、正義をたんなる便宜よりも優先する強い感情がこの原則に対して向けられるのは当然のことなのである。

正義のさまざまな準則

正義について現在のところ採用されていて、さまざまな問題に一般に適用されている大部分の準則は、ここで検討してきた正義の原則を実行に移すためのたんなる手段にすぎない。たとえば個人が責任を負うのは、その人が意志をもって行った行為であるか、その人が避けようとする意志があれば行わないですんだはずの行為であるという準則や、本人に弁明させずに有罪を宣告するのは不正であるという準則、あるいは処罰は犯罪に比例したものであるべきであるという準則など、さまざまな準則があるが、これらは悪に対しては悪で報いよという正義の原則が正しく適用されず、正当な根拠なしに害悪が加えられることを防ぐことを目的とした準則にほかならない。

よく知られているこれらの準則の大部分は、正義を実現しようとする法廷における実践によって生み出されたものであり、犯罪者に処罰を与えるという機能と、各人にふさわしい権利を認めるという二つの機能を果たすことを目的としたものである。法廷がそのような役割を果たすために必要な規則は、一般に想像されるよりも詳細に確認され、作り上げられているものなのである。

社会制度の変遷

司法機関の第一の役割は公平な裁きを下すことであるが、これは正義の重要な義務であって、すでに述べてきた理由から生まれたものである。これは正義のその他の義務が実現されるために必要な条件となっている。人間の義務のうちで平等と公平さの準則は、人々の気持ちのうちでも識者の考えにおいても、とくに高い地位を占めているが、その理由はこれだけではない。別の見方をすればこれらの準則はすでに述べた原理から派生する二次的な系とみなすこともできる。

各人をそれぞれにふさわしく扱うことが義務であるとすれば、そして善には善で報い、悪には悪で抑え込むことが義務であるとすれば、わたしたちは自分に尽くしてくれた人々を、より高次の義務によって禁じられない限り、同じように厚遇すべきであるということになり、社会もまた社会に尽くしてくれた人々を、すなわち絶対的に平等に厚遇すべき人々を厚遇すべきであるということになる。社会における〈分配的な正義〉の概念をきわめて抽象的に表現すればこのようになるだろう。そしてすべての制度とすべての有徳な市民の活動は、この目的をできる限り実現することを目的とすべきだということになる。

ただし道徳的に重要なこの義務は、さらに深いところにある土台に依拠しているものであり、二次的な理論や派生的な理論から論理的に引き出された系のようなものではなく、道徳の第一の原理から直接に生まれたものである。この義務は「功利」あるいは「最大幸福の原理」の意味そのものに含まれている義務なのである。

この第一の原理は、ある人の幸福は、その幸福の種類を考慮に入れて、他人の幸福と同等なものであるかぎり、他人の幸福と同じように尊重されるべきであることを意味するものである。それでなければこの原理は合理的な意味をもたなくなり、たんなる言葉の羅列にすぎないものとなってしまうだろう。これらの条件が満たされて初めて、「誰もが一人として数えられなければならず、誰もが一人よりも多くの者として数えてはならない」というベンサムの金言を、説明のための注釈として功利の原理のもとに書き込むことができるようになるのである。★

★**原注**　功利主義の体系における第一原理において語られているのは、人々の間に完全な平等を実現することであって、これは、ハーバート・スペンサー氏が『社会静学』において示したところによると、功利が正義を導くための十分な指針となるという合理主義の主張に反論するものとなるという。というのも功利の原理は、すべての人には幸福になる平等な権利がそなわっているという原理を前提としているからだという。この前提となる原理をさらに正確に表現すれば、同一の人が感じるか別の人が感じるかを問わず、同じ量の幸福は同じように望ましいものであるということになるだろう。しかしこれは功利の原理にとって前提となるような原理ではなく、功利の原理そのものである。というのは「幸福」という言葉と「望ましいもの」という言葉が同じことを意味しないのであれば、功利の原理は何を意味しているのか理解できなくなるからである。もしも前提とされている何らかの原理が存在するとすれば、それは幸福の評価に対しても、数量として計測できる他のすべてのものと同じように、算術の原理が適用できるという原理だけである。

ハーバート・スペンサー氏はこの指摘に対して私信において、氏が功利主義に反対しているとみなされることは意に反することであり、氏は幸福を道徳の最終的な目的とみなすものであると述べている。ただし同氏の見解によると、この幸福という最終的な目的は、行為の結果を経験的に一般化することによっては一部しか実現することができず、これを完全な形で実現するためには、どのような種類の行動によって幸福が必ず生み出される傾向があるか、どのような種類の行動によって不幸が必ず生み出される傾向があるかを、生活についての法則と存在条件から導き出さなければならないという。わたしは「必ず」という言葉を除けば同氏のこの主張に異論はない。さらに功利主義を主張している論者のうちで、これに異論を抱く人がいるとも思わない。

スペンサー氏は『社会静学』の著作においてベンサムの名前をとくに言及しているが、ベンサムは人間本性の法則と人間の生活の普遍的な条件から、行為が幸福にどのような影響を与えるかについての結論を導き出すことに、消極的な姿勢を示したことはない。そのことに消極的であったというのはよく聞く非難であるが、功利主義の論者のうちでもベンサムはこうした非難がもっともあてはまらない人だったのである。ベンサムに対する非難としてよく耳にするのは、このような形で結論を導きだすという方法に頼りすぎるというものだった。スペンサー氏は多くの功利主義者は、特定の経験を一般化することに熱心でありすぎると非難しているが、ベンサムこそはこうしたことに拘束されるのをもっとも拒んでいた人物だったのであり、まさにそのことによって非難されているのである。わたしの考えでは（そしてスペンサー氏も同意すると思うが）、倫理学においては他のすべての科学と同じように、演繹と経験的な一般化という二つのプロセスの両方からえられた結論が一致するのであり、この両方の結論がたがいに他方の結論を補強し、検証するものとなるのである。そしてこのことこそが、どのような一般的な命題であるにせよ、その命題が科学的な証明と呼べるような質と水準の証明をそなえていることを示す要件となっているはずである

道徳論者や立法者の見解によると、すべての人が平等に幸福を求めることができるということには、すべての人が幸福になるためのあらゆる手段を平等に要求することができるということが含まれている。ただしこの準則には、人間の生活において避けられない条件のために、さらにすべての個人の利益が含まれている社会全体の利益のために、制約が加えられることがある。ただしこうした制約はあくまでも厳密に解釈しなければならない。

この準則は正義についての他のあらゆる準則と同じように、普遍的に適用できるものではないし、普遍的に適用できるものともみなされていない。それどころかすでに述べたように、社会的な便宜についてのさまざまな考え方に応じて変わるものである。しかしこの準則が適用できるとみなされたあらゆる事例において、この準則は正義が命じるものとみなされる。広く認められた社会的な便宜のために、あえて平等でない扱いが求められる場合を除いて、すべて

の人は平等に扱われるべき権利を持っているものとみなされる。そのため便宜に適ったものとみなされなくなったあらゆる社会的な不平等は、たんに便宜に適っていないとみなされるだけではなく、不正なものとみなされることになる。

こうした社会的な不平等はあまりに専制的なものと思われるため、やがてはこのような不平等がどうして許容されてきたのかと不審に思われるようになるほどである。ただし便宜についての考え方が不適切なために、その他の不平等な扱いを許容していることを忘れてしまうのである。このような誤解が是正されれば、今では非難できるようになった不平等な扱いと同じように、その時点で人々が認めていた扱い方が恐ろしいほどに不平等なものと思われてくるだろう。

社会改革のすべての歴史は、何らかの風習や制度が、それまでは社会が存続するために何よりも必要であったとみなされていたものの、それがやがては不正で専制的なものとして一般に非難されるようなものとなるという変遷の歴史なのである。奴隷と自由人の区別、領主貴族と農奴の区別、都市貴族と平民の区別もまたそうした風習や制度であり、肌の色や人種や性別による差別もまた、そのような風習や制度として変遷を遂げるのであり、そうした変遷はすでに生じているのである。

正義の原則の功利

これまで述べてきたことから明らかなように正義は道徳の要件の一つであり、これらの要件は全体として、ほかのどのような要件よりも重要な社会的な効用をそなえているのであり、そのために他の要件よりも重要な義務を伴うものである。もちろんその他の社会的な義務が重要な役割を果たすような事例もあり、その場合にはそうした社会的な義務が正義についてのその他の一般的な準則よりも優位に立つこともある。だからこそ人の命を救うために必要な食料や医薬品を盗んだり奪ったりすることが、あるいは資格を持つ唯一の医者を無理やり連れ去ったり、診断することを強制したりすることが許される場合もあるだろうし、むしろそれが義務とみなされる場合もあるだろう。

ただしこのような場合にも、このような有徳でない行為は正義の行為とは呼ばれないのであるから、それによって正義がその他の重要な道徳的な原則に屈したとはみなさない。たんに、通常であれば正義であるものが、その他の原則のために正義に適わなくなることもあると語るだけのことである。このように表現を工夫することで、正義にそなわるとされている不可侵性が守られるのであり、称賛すべき不正も存在しうるなどと語らないでもすむのである。

正義の感情の性質

これまで考察してきたことによって、道徳についての功利主義的な理論のうちで、真の意味で解決するのが困難と思われる唯一の難問が解決されたと考えることができる。正義にかかわるすべての問題は、便宜にかかわる問題でもあったことは明らかである。正義と便宜の違いは、正義には特別な感情が付随しているために、それによって便宜とは対極的なものとなっているということにある。わたしはこの論文において、正義にそなわるこの特徴的な感情について満足できる形で説明することを目指してきたのであり、この正義の感情というものの発生の起源を特別な形で説明する必要がないことが明らかにしようとしてきた。

さらにこの感情はたんなる憤慨という自然な感情であって、社会的な善の要求と共存することによって道徳的な色合いを帯びたものにすぎないことを明らかにしようとしてきた。そしてこの感情は正義の観念があてはまるあらゆる種類の事例において存在するだけではなく、存在すべきものであることを明らかにしようとしてきた。この論文がこれらの課題を実現できているならば、この正義という観念はもはや功利主義の倫理にとっての躓《つまず》きの石となることはないだろう。

正義は特定の社会的な功利を示す適切な概念であり、その他の快適な功利よりも格別に重要なものであり、絶対的で命令を下すような種類のものである（ただし特定の事例においてはその他の社会的な功利もまた重要なものとなることがある）。このため正義は、その他の感情とは程度において異なるだけではなく種類においても異なる特別な感情によって守られなければならないし、実際に守られているのである。正義の感情は、その命令が確固としたものであり、その強制力が強固な性格を持つものであることによって、たんに人間の快楽や利便性を増進させる観念に付随した穏やかな感情とは明らかに異なるものになっているのである。

付　録

ベンサム論

Bentham 1838

思想の世界における二人の傑物

最近亡くなった二人の人物は、イギリスに大きな遺産を残した。そして現代の知識人のうちで流通している重要な思想の大部分と、思考と研究方法における重要な革命は、これらの二人の人物に負っているのである。これらの二人はその他の点においてはきわめてかけ離れた人物だったが、いずれも徹底した書斎人であって、彼らの境遇と性格のために、珍しいほどに実業の世界とも社交の世界とも遠く離れたところで暮らしていたことは共通していた。さらにこれらの二人の人物は、生涯の大部分の期間を通じて、たまたま世論を主導する人々が気に留めたときには、軽蔑に近い感情をもって眺められていたことでも共通していた。

しかしこれらの二人の人物が負っていた使命は、思弁的な哲学などというものは、浅薄な人々からみると生活における実務や人間の外面的な利益という観点からはきわめて無縁なものにしか思えないとしても、実はこの世界における実務や人間の利益にきわめて大きな影響を与えるものであることを示すことにあった。さらにこうした思弁的な哲学というものは、哲学そのものが従わなければならないものを除いて、ほかのあらゆる影響力を上回るような巨大な力を及ぼすものであることを示そうとしたのである。こうしたことはこれまでずっと無視されてきたものの、これまでのあらゆる時代において人類はこうした教訓を与えられてきたのであり、これらの二人はこうした教訓をふたたび人類に与えることを任務としていたのである。

これらの二人の人物が執筆した著作は、一般大衆向けのものではなかった。ごくわずかな例外となる書物を除くと、読者の数はきわめて少なかった。しかしこれらの二人の人物は、〈師匠のうちの師匠〉とも呼ぶべき人物であった。イギリスにおいて、思想の世界で重要な地位を占めるようになった人々のうちで、その後の本人の思想的な変遷がどのようなものであったにせよ、思想形成の時期にこれらの二人の人物のいずれかに影響されなかった人はほとんどいないだろう。これら二人の人物の影響は、さまざまな媒介経路を通じて、今では社会全般に伝えられ始めたところである。教養のある人々のために執筆された重要な書物のうちで、この二人の著作が存在していなくてもいまと同じ内容を持ちえた書物はほとんどないだろう。これらの二人の人物とは、ジェレミー・ベンサムとサミュエル・テイラー・コールリッジ[*11]である。現代イギリスにおける思想の原初的な土壌を作り出したのは、まさにこれらの二人の人物なのである。

ベンサムとコールリッジの影響力

ここではこれらの二人の非凡な人物の思想についても、影響力についても比較することを試みるつもりはない。このような比較を行うには、それぞれの人物についてまず完全な評価をすま

*11　サミュエル・テイラー・コールリッジ（一七七二〜一八八四）は、イギリスのロマン派詩人で哲学者。ウィリアム・ワーズワースとの共著『抒情民謡集』を刊行してイギリスのロマン主義運動の先駆けとなった。ミルはこの論文の二年後の一八四〇年に「コールリッジ論」を発表し、コールリッジの思想的な重要性を強調している。

せておかなければならないだろう。わたしがここで目指しているのは、これらの二人の人物の片方であるベンサムについての評価を試みることである。

この人物については、現在は著作の完璧な全集の編集が進められているところである。もしも現代のあらゆる著者を「進歩的な」著者と「保守的な」著者に分類するとすれば、ベンサムはわたしたちと同じように進歩的な著者の一人として分類できるだろう。これらの二人の人物はどちらも、進歩的とか保守的とかという分類の枠組みを超えてしまうような偉大な思想家であるが、概していえばベンサムは「進歩的な」哲学者であり、コールリッジは「保守的な」思想家であった。ベンサムの影響を大きく受けたのは主として進歩的な思想の人々であり、コールリッジの影響を大きく受けたのは主として保守的な思想の人々であった。

これらの二人の人物のもたらした衝撃は、思想の大海原の上に固有の思想的な同心円のような波を作り出したのであり、これらの同心円は今にいたってようやく出会い、交じりあおうとしている。またこれらの二人の人物は、進歩的な思想の世界にも保守的な思想の世界にもみられる多くの固有の誤謬や欠陥について、それぞれの思想の世界の人々にも他の思想の世界の人々にも多くの厳しい教訓を与えたのだった。ただしベンサムに与えられたのは、既存の理論や制度と対立するさまざまな真理を細かに見分ける能力だったのであり、コールリッジに与えられたのは、そのような既存の理論や制度のうちに存在しながらも、見落とされているような真理を見いだす能力だった。

偉大な批判者としての思想家ベンサム

世の中のことに詳しく、現代の官僚のうちでも実務的な才能と賢明さによってとくに名高いある人物が、ベンサムを観察した後に次のように語ったことがある。この人はベンサムの理論の追随者ではなかったが、他方で偏った排他的な学派の追随者でもなかった。この人はベンサムこそが、探求精神に富んだその他のどの思想家よりも、現代において重要な結果をもたらしたのであり、こうした結果をもたらす理由を探求したと語ったのだった。そしてこの主張を詳しく調べてみればみるほど、正しいものであることが明らかになってくる。

ベンサムこそは現代のイギリスにおいて、すでに確立されている事柄について、鋭い問い掛けをした人物であった。ベンサムの書物が多くの思想家のうちに植えつけた思考方法によってこそ、既存の権威の軛《くびき》が打破され、伝統の力によってそれまで争えないものとみなされていた多数の意見が守勢に回るようにされ、その根拠を明らかにするように求められるようになったのである。

ベンサムが登場するまでは、イギリスの憲法や法律について、あからさまな言い回しで礼を失した批判の言葉をあえて語る人はまったくいなかった——たとえベンサムのこうした批判の細部には異論があるとしてもである。ベンサムこそがこのような批判を展開し始めた人物であり、ベンサムが示した実例と議論によって、ほかの人たちも勇気をふるって批判するようになったのだった。ただしわたしはここで、ベンサムの著作が選挙法改正案の原因となったとか、[*12]ベンサムが流用条項[*13]の生みの親であると主張したいわけではない。

イギリスの制度においてこれまで行われてきた改革と、これから行われるべき大きな改革を生み出したのは哲学者の思想ではなく、最近になって力を持ち始めた社会の多くの人々の利害と本能の力なのである。しかしこうした人々が自分たちの利害と本能を表現し始めたのは、まさにベンサムの力によってだった。ベンサムがこのように語り出すまでは、イギリスの制度が自分たちにふさわしいものではないと考えていた人々も、あえてそれを口に出すことはできなかったし、あえて意識してそのように考えることもなかったのである。

ベンサムが指摘するようになるまでは、こうした教養のある人々が、そして世の中においてその知性の力を人々から認められた人々が、イギリスの制度の卓越さに疑念を表明する言葉を語るのを耳にしたことがなかった。そして教養のない人々も、教養の高い人々のもつ権威に逆らうことなどはできなかったのである。ベンサムがこの呪縛を解いたのだった。ベンサムはその著作によってではなく、彼の著作によって養われた精神と筆の力によって、すなわち現実

*12　一八三二年の第一次選挙改革によって、中産階級の戸主に選挙資格が与えられ、人口に合わせて選挙区が調整された。これは中産階級の市民を体制にとりこむ保守的な目的の改正であったが、予想外の大胆な改革案で国民を驚かせた。ただし有権者の数は前年の五〇万人から八一万人ほどに増えたにすぎない。ベンサムを中心とする急進主義と呼ばれる運動が選挙法改革で重要な役割を果たした。

*13　流用条項は、一八三八年に採択されたアイルランド予算にかんする法律で、教会の整理によって生じた余剰金を教育予算に流用することを認める条項である。

の世界にじかに接触している人々のうちに彼の精神が乗り移ることによって、これを成し遂げたのである。

これによって先祖から伝えられた知恵についての迷信は、姿を消してしまった。これまで世の中の人々は、イギリスの法律や制度の多くは知性と徳の高さによって生まれたものだと信じてきたが、いまでは古くからの野蛮なあり方に現代の腐敗が接ぎ木されて生まれたものであるという観念に親しむようになった。かつては野心的な革新も、それが革新であるという理由だけで拒絶されていたが、今ではそのようなことはなくなり、既存の体制もそれが既存の体制であるという理由だけで、聖なるものとみなされることはなくなったのである。

世の中の人々の心のうちでこうした考え方を親しみ深いものとするために貢献した人々は、こうした考え方をベンサム学派の人々の思想において学び取ったのであり、古い制度を攻撃するための武器の多くは、かつてベンサムが与えたものであり、現在もベンサムが与えているものである。このことはいずれ明らかになるだろう。このようなことを成し遂げた思想家たちは、あるいは実際には思想家というものはすべて、表立って人目に立つほどに改革運動の先頭に立つことがなかったのはたしかであるが、それは重要なことではない。

運動というものは、直接に革命的な運動を除いて、そうした運動を始めた人々によって導かれるものではない。古い意見と新しい意見をどのようにして和解させるかを知っている人々によって導かれるものなのである。イギリスの革新運動の父と呼ぶべき人物は、理論の面からみても制度の面からみても、ベンサムその人に他ならない。ベンサムこそは偉大な破壊的な思想家であり、大陸の哲学者たちの言葉遣いによれば、偉大なる批判的な思想家なのである。

批判的な思想家の役割

しかしこのことはベンサムの名誉のうちで最大のものではない。これが最大の名誉であればベンサムは、思想の世界の偉人たちのうちでもっとも名誉の低い人々、すなわち否定的な哲学者あるいは破壊的な哲学者の一人とみなされるにすぎないだろう。こうした哲学者は、何が虚偽であるかをみいだすことはできても、何が真理であるかをみいだすことができない人々であり、歴史的に認められてきただけの意見や制度の矛盾と不合理さについて人々の目を開くことはできても、そうしたものを破壊した後でそれに代わるものを確立することのできない哲学者にすぎない。

わたしはこうした哲学者の果たした役割を過小評価するつもりはない。人類はこうした哲学者たちから大きな恩恵をこうむってきた。多くの偽りが信じられている世界においては、そしてかつては真理であったきわめて多くのものが、もはや真理ではなくなってもそのまま信じられているような世界においては、こうした人々は重要な役割を果たしつづける。しかしこれらの人々は、変則的なものをみいだすことには長けているものの、こうした変則的なものを正すべき真理をみいだすことはできないのであり、きわめて稀な天賦の才能の持ち主とみなすことはできない。たとえきわめて浅薄な人々であっても、勇気をもって鋭い言葉で語り、さまざまな議論の形式を駆使することができるならば、そして人々に好まれる文体をそなえているならば、たとえ敬虔の念に欠けた浅薄な人物であっても、それなりの否定的な哲学者になることができるだろう。文化の進んだ時代にあってもこうした人々がいなかったわけではない。

ベンサムが人々に強い印象を与えたのはまさにこうした否定的な哲学者たちが圧倒的に支

配していた時代なのであり、精神の高貴な産物が乏しかった時代なのである。教会においては形式主義が支配的で、国家においては腐敗が横行していた時代であり、習慣によって伝統的な教えを信奉していた人々の心にあっても、こうした伝統的な教えのうちにあった最高の価値のある部分が失われていた時代である。そしてこうした時代にこそあらゆる種類の懐疑的な哲学が勃興してくるものなのである。

フランスにあってはヴォルテールとその他の否定的な思想家たちが登場したし、イギリスにおいては、というかむしろスコットランドにおいては、これまででもっとも深遠な否定的な思想家であるデイヴィッド・ヒュームが登場した。ヒュームはその精神にそなわる独特な能力によって、論理的な一貫性の欠如と論証の失敗をみわける感受性が傑出しており、そうした作業においては、分析と抽象の能力がかなり貧弱なフランスの懐疑的な思想家たちの及ぶところではなかった。精密な思考を得意とするドイツ人だけが、ヒュームの思想を理解することができ、ヒュームに対抗することを望みえただけであった。

ベンサムの才能

ベンサムがたんにヒュームの仕事を受け継いだだけであったとすれば、おそらく哲学の歴史において名を残すことはできなかっただろう。というのもヒュームの傑出した能力と比較すればベンサムの能力はずっと劣っていたし、形而上学者として傑出した資質もそなえてはいなかったからである。ベンサムの知的な特徴として、繊細さや深遠な分析能力を期待してはならない。偉大な思想家のうちでベンサムほど、思考の繊細さが欠けている人物はいないのではないかと思われるほどである。さらにベンサムと近い関係にある思想家のうちで、ある程度の深淵な分析能力をそなえている人物としては、このほど亡くなったミル氏をみいだすことができるだけである。[*14] 一八世紀の形而上学者の偉大な資質と、そのほかにもさまざまな資質を兼ね備えていたのはミル氏だけであり、彼だけが一八世紀の形而上学者の仕事を完成し、修正するために必要な資質に恵まれていたのだった。

ベンサムにはこのような特別な資質が欠けていた。しかしベンサムにはこうした資質に劣らない別の種類の才能がそなわっており、この才能こそが彼の先駆者たちには欠けていたものなのである。ベンサムの後の世代の人々は、こうした先駆者たちの影響をすでに乗り越えてしまっているが、それでもやはりベンサムのこうした種類の才能によって導かれたのだった。こうした先駆者たちが、破壊することのできたものはすべて破壊してしまった時代にあって、ベンサムを第一級の破壊的な思想家と呼ぶに値する人物にしたのは、まさにこのような特別な種類の才能の力だったのである。

否定的な思想家としてのベンサム

まずベンサムは、たんに否定的な哲学者として、すなわち論理的でない論証を反駁し、詭弁を明らかにし、矛盾と不条理を指摘する人として論じることもできるだろう。このような役割においてベンサムは、ヒュームがまだ開拓していなかった広い領域をみいだすことができた。そ

＊14　ここでの「ミル氏」とは、J・S・ミルの父親であるジェイムズ・ミル（一七七三～一八三六）のことである。哲学者であり経済学者であるが、『英国領インド史』のような歴史書でも有名である。

れは実務面における弊害という領域であり、この領域で彼はこれまでに前例のない役割を果たしたのだった。これはベンサムに固有の領域であり、彼の素質のあらゆる傾きをもって、彼はこの領域に招き寄せられたのである。これは不条理との戦いを、実務的な分野において展開することを意味していた。

ベンサムの精神は基本的に実務的な性格をそなえていた。ベンサムの心が思索の領域に向けられたのは、何よりも彼が実務的な領域における弊害に注目したからである。ベンサムはまず、自分の職業として選んだ法律関係の業務における弊害に注目したのであった。ベンサムはどのような弊害によって最初に衝撃を受けたかを自ら語っている。大法院記録官室では、一度しか執務を行わないにもかかわらず訴訟依頼人に三回分の謝礼を支払わせるという慣例を採用していたのであって、この慣例によって受けた衝撃が、ベンサムにこの領域におけるすべての弊害を攻撃する決意を固めさせたのである。彼が調べてみると、法律にはこのような弊害が山のように存在していることが明らかになった。

しかしこのような弊害はベンサムが初めて発見したものであろうか。そのようなことはない。開業しているすべての弁護士が、法廷で執務しているすべての裁判官が、このような弊害には前から気づいていた。それなのにこれらの学識のある実務家たちはそれ以前においても、それ以後の長い期間にわたっても、このような弊害のために自分の良心に不安の念を抱くことはなかった。それだけではなくこうした弊害は、彼らがさまざまな機会において、あるいは著作において、議会において、法廷において、法律というものが理性の完璧な産物であると断言することを妨げることはなかったのである。

さらにその後の数世代にわたって、数千人もの教育のある若者たちが次々とベンサムと同じ立場に立たされ、ベンサムと同じような機会をもったにもかかわらず、自らに対して次のように語りかけるだけの道徳的な感受性と独立心を発揮することはなかった。ベンサムだけが自らに対して、このような弊害はそれがどれほど利益をもたらすものだとしても詐欺にほかならず、このような詐欺には決して手を染めてはならないと、自分に言い聞かせたのである。ベンサムがなしたことはまさにこのように、独立心と道徳的な感受性を結びつけるという稀な試みだったのである。

ベンサムは父親に命じられて一五歳という異例な若さでオクスフォード大学に入学することになったが、入学が許される際に三九箇条の信仰告白をすることを求められた。その際に彼はそれらの条文について検討してみる必要があると感じたのだった。[*15] ベンサムはこの条文を検討していくつかの疑義を発見し、このような疑念を解消してもらおうとした。しかしベンサムに納得のできる説明を与えられることはなく、彼のような青二才には、教会のお偉方に逆らうような判断を申し立てることはできないと言い渡されただけであった。しばらく逡巡したが、結局はこれらの条文に署名したのであった。しかし自分が不道徳な行為をしたという印象は彼の心を去らなかった。彼は自分が虚偽の行為をしたと考えたのであり、その後の生涯を通じて、このような虚偽の行為を命じるあらゆる法律に対して、こうした虚偽の行為に報酬を支払うあらゆる制度に対して、憤懣に満ちた弾劾を浴びせかけつづけたのであった。

ベンサムの仕事の性格

ベンサムはこのようにして実務的な弊害の分野において批判と反論のための戦いをつづけ、虚偽と不合理に対する闘争を進めようとした。彼がほかに何もしなかったとしても、イギリスの知性の歴史において重要な役割を担うことになっただろう。彼はこの戦いを休むことなくつづけた。彼の著作のうちでもっとも洗練された著作である『高利弁護論』『誤謬論』ならびにブラックストン*16に対する激しい攻撃を展開して匿名で発表された『統治論断片』などの著作、ならびに彼の執筆したもっとも辛辣な文章の多くは、この戦いに捧げられたものであった。『統治論断片』は彼の出世作であり、ベンサムはその文体のために後に嘲笑されたものであったが、

＊15　当時オックスフォード大学では入学生に対して、エリザベス女王時代に制定された国教会派の三九箇条の信仰箇条に署名することを求めていた。ベンサムは署名を拒もうとしたが、大学の評議員に説得されて署名したのであった。

＊16　ウィリアム・ブラックストン（一七二三～一七八〇）は、イングランドの法学者で、『イギリス法釈義』はイギリスのコモン・ローの歴史の研究書として有名である。ベンサムは大学でブラックストンの講義を受講し、ベンサムの名を有名にした著書『統治論断片』はブラックストンを批判する書物であった。

この作品の文章も思想も高く評価された。[匿名で発表されたために、著者が誰であるかがさまざまに推測され、] マンスフィールド卿[17]の作品とされたり、キャムデン卿[18]の作品とされたり、(ジョンソン博士によって)[19] 当時の法律家のうちでもっとも優れた文章を書くことで知られていたダニング[20]の作品とされたこともあった。

これらの著作はどれもきわめて独創的なものであった。否定的な思想家の著作ではあったが、それまでに否定的な哲学者によって発表されたどの作品とも似たところのないものであった。これらの作品だけでもベンサムは近代ヨーロッパの破壊的な思想家の一人として、独自の地位を占めることができたであろう。しかしベンサムとこれらの破壊的な思想家との真の違いを作りだしたのは、これらの著作ではなかった。もっと大きな違いがあったのである。

というのも破壊的な思想家たちは否定的な思想家にすぎなかったが、ベンサムは積極的な思想を展開する著作者だったのである。破壊的な思想家たちはたんに誤謬を攻撃しただけであるが、ベンサムは誤謬に代わる真理を提示することができると確信できるまでは、誤謬を攻撃しないことを良心にかけて誓ったのである。また破壊的な思想家たちの思想は分析的なものにすぎなかったが、ベンサムの思想は総合的なものであった。破壊的な思想家たちはどのような主題についても、一般に正しいものと認められている見解から出発して、論理的な道具によってそうした見解の周囲を掘り起こし、一般に受け入れられている見解の土台には欠陥があることを明らかにし、こうした見解の誤謬を指摘するだけだった。

ベンサムはまったく新しいところから始めて、問題を深く掘り下げてから自分自身の土台を構築し、その上に独自の建造物を築き上げ、人々に対して古い建造物と比較してみるよう求めたのである。ベンサムが自分の示した解決策を除くすべての解決策が誤ったものであること

＊17 初代マンスフィールド伯爵ウィリアム・マレー（一七〇五～一七九三）は、イギリスの法律家。
＊18 チャールズ・プラット、初代キャムデン伯爵（一七一四～一七九四）はイギリスの法律家。ジョン・ウィルクス事件の際にウィルクスに人身保護令状を発行して保護した。
＊19 サミュエル・ジョンソン（一七〇九～一七八四）は、イギリスの文学者で、一八世紀イギリスでの「文壇の大御所」と呼ばれた人物。敬愛の念をこめて「ジョンソン博士」と呼ばれた。
＊20 初代アシュバートン男爵ジョン・ダニング（一七三一～一七八三）は、イギリスの政治家。一七八〇年に、王権の議会への影響力の行使の削減を求めるダニング動議を提出したことで有名である。

を宣言したのは、自らその問題を解決してしまったか、解決したと考えた後のことに限られた。

そもそも純粋に否定的な思想家たちが生み出したものは、長続きしなかった。こうした思想家たちの思想は、彼らが論破した誤謬とともに死滅するしかなかったし、実際に死滅したのである。ところがベンサムの仕事はそれ自体において価値のあるものであり、彼が指摘したすべての誤謬が消滅した後にもなお、それ自体の価値によって生き残ることのできるものであった。ベンサムが実際に示した結論は、あるいは結局は否定されるかもしれないし、実際に否定されざるをえないことが多かったが、彼の結論が引き出された前提と、そこで取り上げられたさまざまな事実と観察の全体は、その後も永久に哲学の材料の一部として残りつづけるのであった。

ベンサムの栄光

だからこそベンサムは、知の巨匠、偉大な教師、人類の永久の知的な勲章とも言うべき人々のうちに数えられなければならない。彼は不滅の贈り物によって人類を豊かにした人々の一人である。ただし彼の贈り物はその他の人々の贈り物を圧倒するようなものでもなく、「あらゆるギリシア人の名声とあらゆるローマ人の名声を超える」ような傑出した名誉を勝ち得たわけでもなく、無知の人々の無視と軽蔑に対する自然の反応として、彼の崇拝者たちがベンサムの頭に載せようとした多くの栄冠の冠に値するようなものではなかった。それでもベンサムに欠けていたものを理由として、彼に値すべき称賛を認めることを拒んだりすることはそれを上回る誤謬であり、俗人には許されることだとしても、教養のある知的な人々にはもはや許されるべきことではない。

ベンサムの方法の卓越さ

それではベンサムはすでに述べたような人類の偉大な知的な恩人のうちでどのような地位を占めていると考えられるだろうか、彼はどのような人物であり、どのような人物でなかっただろうか、そして彼が真理にどのような貢献を行い、どのような貢献を行わなかっただろうか――これらの問いにできるだけ簡略な言葉で答えるとすれば、次のように語ることができるだろう。

ベンサムは偉大な哲学者ではなかったが、哲学における偉大な改革者であった。哲学に必要でありながら欠如していたために、哲学が立ち往生するようになっていたものを、ベンサムは哲学にもたらしたのである。そのことを実現したのはベンサムの理論ではなく、そうした理論に到達するために彼が採用した方法であった。

彼は倫理学と政治学のうちに、科学の理念にとって必須のものである思考の習慣と研究方法を導入したのだった。この習慣と方法が欠如していたために倫理学と政治学は、あたかもフランシス・ベーコン以前の自然学と同じように、果てしなく議論が行われるだけで、いかなる結果も生み出せないでいたのだった。要するにベンサムの実現した成果の新しさと価値は、その理論的な内容にあるのではなく、方法にあった。ベンサムの意見そのものについては、現在ではその大部分を否定しなければならなくなったとしても、あるいは場合によってはそのすべてを否定しなければならなくなったとしても、彼の方法だけは他のものに代えがたい価値をそなえているのである。

細分割の方法

ベンサムの方法を簡略に説明すれば、細分割の方法と呼ぶことができるだろう。全体を細かな部分に分割し、抽象的な概念を事物に還元することによって、すなわち全体を構成する要素である個別の物体を識別することによって、法則をさまざまな類や一般性とは区別しながら、それらを構成している事物を明らかにする方法である。問題を解決するに先立って、その問題を細かに分割しておくのが彼の方法であった。

論理的な構成の方法として、このプロセスにどれほどの独創性があるかについて、ここで問題にする必要はないだろう。この方法が自然科学の方法や、フランシス・ベーコン、ホッブズ、ロックなどの先人たちが苦労して作り出した方法とどのように関係しているかについても、ここでは問題としないことにしよう。彼の方法にどのような独創性があったかは別として、ベンサムの何よりも偉大な独創性は、彼がこの方法をどのような主題に適用したか、そして彼がこの方法をいかにどこまでも適用しつづけようとしたかのうちにある。

そこから彼の限りない分類の試みが展開された。誰もが認める真理についても、あくまでも精密な論証を行おうとしたのである。殺人や放火や強盗が有害な行為であるということも、そのことを論証せずに自明なこととはみなさなかった。それがどれほど自明に思われたとしても、それがなぜそうなのか、それがどのようにしてそうなのかを精密に明らかにしようとした。ある犯罪がもたらすすべてのさまざまな害悪について、第一種の害悪、第二種の害悪、第三種の害悪のいずれに該当するものであるかを明らかにしようとした。[*21]

ここで第一種の害悪とは、被害者ならびに被害者と個人的な結びつきのある人々に加えられる害悪であり、第二種の害悪とは、それが他の人々の［非を犯すための］手本となる危険性であり、不安をもたらす警戒心と苦痛な感情という罪悪であり、第三種の害悪とはそのような警戒心によって勤勉な活動と有益な仕事に対する熱意が削がれることと、危険性に対処するために必要とされる労苦と資源の消費による害悪である。

ベンサムはこのようにさまざまな害悪を列挙した後に、人間的な感情の法則に則って、これらのうちの第一種の害悪である直接の被害者がこうむる苦痛でさえ、一般に加害者が享受することのできる快楽よりもはるかに大きなものであること、ましてやその他のすべての害悪を考慮に入れれば、苦痛の全体の大きさは加害者が享受する快楽よりもはるかに大きくなることを立証しようとした。そしてこのことが立証されない限り、罰を加えるべきではないと主張した。このことを正式に証明する労を費やす必要があることについて、ベンサムは「一般に認められている真理というものは、それ自体については証明する必要がないとみなされているが、そうした真理に依存したその他の真理が受け入れられるためのきっかけを作り出すためにも、それを証明する必要がある。このようにしてわたしたちは第一原理を受け入れるための準備ができるのであり、この第一原理が受け入れられたならば、それは他のあらゆる真理が受け入れられるためのきっかけを作り出すことになるだろう」と説明している。この説明にはさらに、このようにすることでわたしたちはそれほど自明ではない複雑な問題点についても、同じような詳細な分析を行うための心の訓練を行えるようになることをつけ加えることができるだろう。

＊21　これらの害悪の分類については、ベンサム『道徳および立法の諸原理序説』（中山元訳、ちくま学芸文庫）の下巻第一六章を参照されたい。

ベンサムの方法

これは健全な法則であり、綿密に思考するすべての人が感じ取っていたものであるが、ベンサムのように一貫して適用した人はそれまでは一人もいなかったのである。ベンサムの示した原理は、一般化したときには誤りが生じること、全体を構成しているさまざまな部分をすべて調べ上げて記録しない限り、複雑な全体を一覧することはできないこと、抽象的な概念というものはそれ自体では現実的なものではなく、既存の事実を簡略に表現する方法にすぎないこと、抽象的な概念を取り扱う唯一の実際的な方法は、経験上の事実であるか意識における事実であるかを問わず、そうした概念が表現しているもともとの事実に立ち返ることであることなどであった。これらの原理に基づいてベンサムは、一般に採用されていた倫理学と政治学の論証の方法を一掃してしまったのだった。

ベンサムによるとこれらの既存の方法は、その発生源から調べてみるならば決まった常套句から生まれてきたものである。政治学においては自由、社会的な秩序、憲法、自然法、社会契約などがそうした常套句となった標語であり、倫理学にも同じような標語がそなわっている。

そして道徳と政治についてのもっとも重要な問題を決定するような議論が、このような決まりきった言い回しに基づいたものだったのである。それらは推論ではなく、推論をほのめかすにすぎないものであった。それらは聖なる言葉であり、人類の何らかの一般的な感情や、馴染みとなった格言に簡略な形で訴えかけるものであった。こうしたものは真理であることも、真理でないこともあるだろうが、その限界をこれまで誰も批判的に検討していなかったのである。

　こうした格言はその他の人々を満足させたかもしれないが、ベンサムを満足させることはなかった。ベンサムは人々の意見というものが作り出される根拠として、たんなる意見ではないものを求めたのである。ある事柄に賛成するか反対するための論拠として、何らかの常套句が使われていることを確認した場合には、その言い回しが実際には何を意味しているかを明らかにしようとした。そうした言い回しが何らかの基準に基づいたものなのであるか、それともその問題に関連した何らかの事実について示唆しているのかを知ろうとした。

　そしてそのどちらでもない場合にはそうした常套句は、論者がその理由を明らかにすることもなく、自分の個人的な感情を他人に押しつけようと試みているにすぎないとみなしたのである。こうしたことは「何らかの外的な基準に訴えるという義務を果たすことなく、自分の感情や意見を何らかの根拠として、しかもそれ自体において十分な根拠として承認するように、読者に訴える企み」であると考えたのである。この問題についてはベンサム自身に語ってもらうことにしよう。以下で引用する文章は、彼の最初の体系的な著作である『道徳ならびに立法の諸原理序説』から引用したものであり、ここで引用した文ほどベンサムの哲学的な方法の長所と短所の両方を明確に示すものはないだろう。

> このきわめて一般的で、それだけにわかりやすい自己満足的な原理を人々から隠すために、そして可能であれば自分にも隠すために、どれほどの発明とどれほどのさまざまな言葉づかいが工夫されているかを調べてみるのは面白いことだろう。
> ―― ある人は「私のうちには、善と悪を判断する作られたものがそなわっている。それは道徳感覚（モラル・センス）と呼ばれている」と語っている。この人はさらに気軽に議論を進めて、これは善いとかこれは悪いと告げるのである。その理由を尋ねられ

ると「私の道徳感覚がそう告げるからである」と答えるのである。

二　別の人は表現を変えて道徳（モラル）という言葉を取り去って、「共通の」（コモン）という言葉をそこにつけ加えて、常識（コモン・センス）と言い換える。そして他の人々が道徳感覚によって判断するものを、その人はこの常識によって何が善いか悪いかを判断できると語っている。この人によると、常識とはすべての人が持っている何らかの種類の感覚であって、自分と異なる種類の感覚を持つ人の感覚は、問題外として相手にされないのである。このような工夫は、道徳感覚というものを主張する人よりももっともらしいものに思える。道徳感覚という概念は最近になってから作られたものであるため、これが好ましいと考える人も、そのようなものを見いだせない人もいるだろう。ところが常識というものは天地創造以来の古いものであるから、自分は隣人と同じような常識を持っていないと考えた人は、自分を恥じることだろう。この概念には別の大きな長所がある。誰もが所有しているはずのこの概念には大きな力があり、嫉妬心を減らすことができるのである。常識の名において、自分と意見を異にする人の悪口を言う場合には、「私がそう望むから、そう命じるのである」と言う必要はなく、「汝の欲するように、命令せよ」と言えば良いからである。

三　また別の人が登場してきて、道徳感覚のようなものがあるとは思えないが、自分には知性があって、それで十分に判断することができると主張する。この人によると知性というものは善悪の基準となるものであり、知性によって善と悪について判断を下せるというのである。そしてすべての善良で賢い人は、自分と同じように理解していると考える。もしも他の人々の知性が、自分の知性と異なっている場合には、他の人々が間違っているのであり、そうした人が腐敗しているか、欠陥があることを示す確実な証拠だということになる。

四　また別の人は、永久で不変の正義の規則というものが存在すると主張する。この規則によってどう判断すべきが定められるのだというわけである。その人はさらに、もっとも重要なものは何であるかについて、自分の感情を述べ始めるのである。そしてこの感情こそがこの永久な正義の規則から生まれたものだというのであり、他人はそれを当然のものと認めなければならないというのである。

五　さらに別の人は、ある行為は事物の妥当性に適うものであり、別の行為は事物の妥当性に適わないと主張する。そして気の赴くままにどのような行為が事物の妥当性に適うものであり、どのような行為が事物の妥当性に適わないかを語るのである。しかしそれはその人がたまたま好ましいと思ったか好ましくないと思ったかの違いによるだけである。

六　きわめて多くの人々が自然法について繰り返し語っている。そして何が善であり何が悪であるかについて、自分は自然法によって判断すると主張しながら、実は自分の感情に基づいた判断を述べるのである。そしてこうした感情こそは、自然法の条文の多くの章や節を構成するものであるとみなすべきだというのである。

七　自然法という言葉の代わりに、理性の法とか正しい理性とか自然的正義とか自然的衡平（エクィティ）とか善良な秩序などといった言葉を聞かされることがある。これらの言葉はどれも同じように役立つだろう。善良な秩序という言葉は政治の分野で使われることが多い。最後の三つの言葉は、述べられている言葉以上のことをあまり主張していないので、他の言葉よりもまともであろう。これらの用語は、それ自体として意味がある積極的な基準として採用されることは、それほど求められていない。たまたま問題とされたことが、何らかの適切な基準に一致していることを表現する言葉として用いられれば十分だとみなされているようである。しかし多くの場合において、これらの言葉ではなく功利性という用語を使用するのが望ましい。この功利性という用語は、快と苦痛について明確に言及しているからである。

八　ある哲学者は、嘘をつくことほど世界において有害な行為はないと主張している。この哲学者によると、あなたが自分の父親を殺そうとしているのであれば、それはこの人物があなたの父親ではないということを言い換えていることにほかならないという。もちろんこの哲学者であれば、何か自分の好ましくない行為を見た場合には、それは別の嘘のつき方であると主張するだろう。この〈嘘である〉という表現が言おうとしているのは、その行為は真実においてはなすべきではないときに、なされるべきであったとか、なしうるものであったと語るということである。

九　これらの中でもっとも率直で堂々とした人々は、私は神に選ばれた人であると公言する人々である。そして神は、自分が選んだ人々には、何が正しいかを教えるだけの配慮をしているのであり、それはきわめて良い結果をもたらし、選ばれた人々は正しい人々であろうとするのだという。これらの人々は何が正しいものであるかを知っているだけではなく、正義を実行しようと努力し続けるとされている。だから何が正しく何が間違っているかを知りたければ、神に選ばれた人に尋ねればよいということになる。[*22]

ここに面白おかしく述べられているさまざまな決まりきった常套句を使っている人々の精神を、ベンサムがここで完璧な形で正しく再現していると思う人は少ないかもしれない。しかしここ

*22　これについても前掲書の上巻第二章、前掲の邦訳の67ページから70ページまでを参照されたい。

で述べられた決まった常套句は、こうした表現を使うことで正当化しようとしている論者の感情に基づいたものを除いて、いかなる論拠も含んでいないということは、ベンサムが初めて指摘した真理である。そしてこれはベンサムの偉大な功績なのである。

ベンサムが哲学において独創的であったのは、人間の行動の哲学において採用したこの細分割の方法によってだったのであり、この方法は、さまざまな部分に分解しないかぎり、全体についていかなる推論も行わず、事実に依拠しないかぎり、抽象的な概念についてはいかなる推論も行わないというものだった。この方法によってベンサムは道徳哲学と政治哲学の分野において偉大な改革者となったのである。

ベンサムは、この細分割という一般的な方法の一つの分野を「包括的な分類方法」と呼んでいたが、すでに引用したようなベンサムの組織的で精密な作業における独創的な要素はすべてこの方法によるものである。ベンサムの哲学の一般性そのものには、新しい要素はほとんどあるいはまったく存在しない。道徳の土台となるのは一般的な効用であるという理論に、何らかの新しさをみいだそうと試みるなら、それは哲学の歴史についても文学一般についてもベンサム自身の著作についても無知であることを露呈するだけのことである。

　ベンサムは自分の思想はエルヴェシウス[*23]から着想をえたものであることをみずから認めていた。さらにその思想は、リード[*24]とビーティー[*25]以前の同時代の宗教的な哲学者の思想でもあった。効利の理論を巧みに展開した書物としては、シャフツベリー[*26]に反論して執筆され、今はほとんど読まれていないブラウン★の『特徴論[*27]』よりも優れた書物はないだろう。さらにソーム・

*23　クロード＝アドリアン・エルヴェシウス（一七一五～一七七一）は、一八世紀フランスの哲学者で啓蒙思想家。著作『精神論』では、人間の精神的な活動はすべて身体的な活動に還元できることを主張し、霊魂の不死を疑問とした。
*24　トマス・リード（一七一〇～一七九六）は、スコットランドの哲学者であり、スコットランド常識学派の創始者。ロックからヒュームにいたるイギリスの経験論を批判し、真理を判定する能力が経験論のように観念にあると考えるのではなく、常識にあると考えた。
*25　ジェームズ・ビーティー（一七三五～一八〇三）はイギリスの哲学者で詩人。スコットランド学派の代表者の一人。常識哲学を主唱した。道徳感情論の理論家の一人ともみられる。
*26　シャフツベリー卿（三世）（一六七一～一七一三）。イギリスの哲学者で、道徳感情の固有の価値を強調した。道徳感情論の最初の主唱者とされる。

ジェニンズ*28についてのジョンソン博士の有名な批評*29においてはこの効用の理論が、著者と評者の双方の持論として明言されているのである。

★原注　ジョン・ブラウンの別の著作『時代の風習［と原理］』の評価は、出版された際にかなりの評判を呼んだものだった。

エピクロスの時代からではなくもっと昔の時代から、哲学のすべての歴史において対立する学派の片方は、功利主義的な理論を展開する学派であった。この効利の理論がベンサム独特の方法と結びついたのは、たんなる偶然にすぎなかった。ベンサム以前の功利主義的な哲学者は、功利主義に反対する哲学者と同じように、この方法を自分だけのものとして主張する資格はなかった。ただし古代のもっとも優秀な学者であったキケロは、エピクロス哲学についての証言を残しており、エピクロス哲学の道徳的な部分を現在において表現することのできるもっとも完成された見解を残している。キケロの哲学的な著作、たとえば『善と悪の究極について』を読んだことのある読者に対して、私たちは次のことを尋ねてみたいのである。

エピクロス学派の哲学も、ストア学派ならびにプラトン学派の哲学の多くも、確実な概念（テクメーリア）ではなく、蓋然的な概念（エイコタ）あるいは象徴的な概念（セーメイア）に修辞的に訴えかけるものではなかっただろうか。これらの概念は偶然にみいだされた概念であって、それは真理であるかもしれないが、どのような意味において、どのような条件において真理となるかを確定するような厳密な吟味はこれまで行われたことがなかったのではないのだろうか。

エピクロス学派だけではなく、これまでのいかなる学派の道徳哲学者も、倫理の問題につ

＊27　ジョン・ブラウン（一七一五〜一七六六）はイギリスの国教会派の聖職者で評論家。『特徴論』（一七六四）などの同時代の風俗と人格についてのエッセーで有名である。この書物はシャフツベリーの同名の書物への批判として執筆された。

＊28　ソーム・ジェニンズ（一七〇四〜一七八七）はイギリスの評論家で政治家。著書の『悪の本質と起源に関する自由な設問』において、悪というものは神が世界の全体的な調和のために許容したものであるとして、悪を肯定的に位置づけたが、これには同時代のジョンソン博士が痛烈に批判した。

＊29　サミュエル・ジョンソンはジェニンズの著作にたいする批判「ソーム・ジェニンズ著『悪の本質と起源に関する自由な設問』の論評」において、ジェニンズの悪の理論と弁神論を批判している。

いて真の意味で帰納的な哲学を適用することは考えていなかったのである。これらの哲学者は問題を小さな部分に分割することも、特定の部分について議論を戦わせることもしなかった。だからこそベンサムが問題を精密に吟味し、解剖するという方法を学んだのが、これらの哲学者からでなかったのは確実なのである。

ベンサムの方法の成果

ベンサムはこの方法をついに哲学のうちにしっかりと持ち込んだのであり、以後はすべての学派の哲学者にとってこの方法は必須なものとなった。この方法によってベンサムは、彼の独特な意見の多くをまったく採用しなかったか、採用しても後にそれを放棄してしまった思想家を含めて、多くの思想家たちの知性を鍛えたのである。彼はこの方法を自分と対立する多くの学者たちにも教え込んだのであった。もしもこの細分割の方法によって自分の学説を吟味しなければ、論敵である学者たちがこの方法で彼の学説を吟味するようになることを分からせたのである。

この方法によってベンサムは道徳哲学と政治哲学の分野に初めて、精密な思考方法を持ち込んだと言っても過言ではないだろう。哲学者たちはもはや直観によって自分の意見を決めたり、たんなる粗雑な見解に基づいて採用されていて、その真偽を正確に決定することのできないような曖昧な言葉によって表現されている前提に依拠して、自分の意見を決めたりすることをやめたのである。いまではたがいに理解し合わねばならなくなり、自分たちの主張の一般性に頼るのをやめて、あらゆる議論において精密な問題点について話しあわざるをえなくなった。これは哲学における一つの革命にほかならない。その効果はあらゆる種類の理論を展開するイギリスの思想家たちの著作においてしだいに明白なものとなってきている。これからベンサムの著作が普及するに応じて、またベンサムの著作の恩恵を受けてその精神が形成されてゆく人々の数が増えるに応じて、この傾向はますます顕著なものとなるだろう。

このような哲学における偉大な改善の成果の少なくともその一部は、その創始者であるベンサムが享受しているということは、ごく自然に推測されることだろう。ベンサムはこのような強力な武器によって身を固め、しかもこの武器を実践哲学という単一の分野において育てあげて、倦《う》まず弛《たゆ》まずこの方法を使用しつづけた。しかもそれまでの哲学者はこの方法を利用していなかったことを考えると、ベンサムが自らの探求において注目すべき成果を達成したのは確実である。そして実際にベンサムがそうした成果を上げたことは、やがて明らかになるだろう。それは注目すべき成果であるだけではなく、驚嘆すべき成果でもあった。この成果は彼が計画しただけで実現できなかったものと比較すると些細なものではあるが、そして楽天的でほとんど子供じみた空想によって自ら成就したと思い込んでいたものと比較すると、些細なものにすぎないかもしれないが。

彼に固有のこの方法は、その素材にふさわしい限りで明晰な思想家を作り出すために、驚くほどに適切に計算されたものであったが、こうした思想家たちを完全なものとするにはそれほど効果的なものではなかった。この方法は精密さを保証するものではあるが、包括的なものであることを保証するものではなかった。というよりもある種の包括性は保証できても、別種の包括性は保証できなかったと言うべきであろう。

網羅的な方法

ベンサムが自分の主題について述べる方法は、偏狭で偏った見解を防ぐための予防策として優れたものである。まず特定の問題が含まれる研究領域の全体を目の前で展開してみせて、それを細かに分割しながら、これから調べようとする問題に到達する。このようにして、調べようとする問題に該当しないすべての問題を順に排除することによって、その問題がどのようなものであるかを示す定義を次第に作り出していく。ベンサムはこの方法を〈網羅的な方法〉と呼んでおり、これは哲学が始まった時からすでに採用されてきた方法である。

たとえばプラトンはすべてのことについてこの方法を採用し、この方法によってすべてを成し遂げたのである。フランシス・ベーコンは、彼の著作のいたるところにばらまかれている含蓄の深い論理的な示唆において（これらは彼の追随者と自称する人々によってほとんど無視されているのであるが）、プラトンが偉大な対話篇において使用したこの方法こそが、古代哲学における真の意味での帰納法につながるもっとも手近な道であったと語っている。ベンサムはすべてをこの方法によって実現したと語っているが、この方法においてプラトンが先人であったことについては知らなかったかもしれない。

ベンサムはこの方法を実践することによって、きわめて組織的で一貫性のある思考方法を実現した。彼にとっていかなる問題も孤立したものではなかったことは明らかである。ベンサムはすべての主題を、それと関係があると思われるその他のすべての主題と結びつけて検討しながら、そのほかのすべての主題との違いを明らかにする必要があると考えた。そしてその主題といくらかでもつながりのあるすべての事柄は、彼の知っている限りで秩序正しく並べられた。秩序立っていない方法を採用している人であれば、ある事柄をすっかり忘れていたり、急に思い出したりするものだが、ベンサムにおいてはそのようなことは起こらない。

ベンサムほど広い範囲の事柄について考察しながら、一貫性の欠如によって悩まされることのない哲学者はおそらくいないだろう。彼がそれまで知らなかった真理を発見したとすれば、その真理をいかなるときでもいかなるところでもしっかりと記憶していて、それを自分の体系の全体に合わせて調整したことだろう。そしてこれこそがベンサムの思考方法にならって訓練された最善の人々の心に強い印象を与えた彼の素晴らしい特質と呼ぶべきものであった。これらの人々は新しい真理を受け入れる心の広さをそなえているのであり、新しい真理を手に入れるとすぐにそれを自分のものにすることができるのである。

ベンサムのこの体系的な方法は、思想家が自分の知っているすべての事柄を記憶しておくためには優れたものであるが、新しい事柄を認識するために役立つものではない。また、ある事柄についてのいくつかの特性を知ることによって、その事柄の全体を認識するために役立つものではない。この方法は複雑な対象の多様な特質の一つについて、きわめて注意深く観察する習慣を確立するものではあるが、その対象のすべての側面を熟慮するための能力を与えるものではない。こうした能力を獲得するためにはその他の資質が必要となる。そこでわたしたちはベンサムがこうした資質をそなえていたかどうかを検討してみる必要があるだろう。

総合的な方法と分析的な方法

すでに指摘したようにベンサムの精神はきわめて総合的なものであった。ベンサムは研究を始めるにあたって、そのテーマについて何も知らないことを前提とし、先人たちの意見についていかなる知識も持たず、初めから哲学の全体を新たに構築するのである。しかし構築するのが哲学であるか、他のどのようなものであるかを問わず、まず素材が必要となる。物質にかかわる哲学を構築するためには、物質のさまざまな特性がそのための素材となる。道徳哲学と政治哲学を構築するためには、人間のさまざまな特性と、世界において人間が占める地位がそのための素材となる。

道徳哲学者であるか政治哲学者であるかを問わず、こうした特性についてその哲学者がどのような知識を所有しているかということが、考察の範囲を定める限界となるのであり、その哲学者がどのような精神的な能力をもっているとしても、この限界を超えて考察することはできない。いかなる人の総合の営みも、その営みが依拠する分析の結果を超えて完全なものとなることはできない。人間性や人間の生活についての観察において、もしも何らかの要素を考察しなかったならば、その要素が影響を及ぼすあらゆるところにおいて、その哲学者の実際的な結論には多かれ少なかれ欠陥が生じることになる。

たしかにその哲学者が多くの要素を除外していたとしても、しかもきわめて重要な要素を除外していたとしても、それでもその哲学者の営みがきわめて貴重なものとなるのはありうることである。その哲学者が構築した部分的な真理の集合が、その内部においては完全なものでありたがいに補正されたものであるとすれば、そのような部分的な真理を作り出すために、その哲学者は大きな貢献をしたことになるだろう。しかしその哲学者の体系がそのままの形で現実に適用できる範囲はきわめて限られたものとなるだろう。

人間性と人間の生活は範囲の広い主題であり、これらの主題についての十分な知識を必要とする企てを開始しようとするのであれば、十分な知識をみずから蓄えている必要があるだけでなく、ほかのところから得られるあらゆる種類の援助と装置が必要となる。その人のそうした企てが成功するかどうかは、人間の性質と状況について完璧で正しい知識を獲得するかどうか、ほかの人々から洞察を引き出す能力があるかどうかの二つによって大きく左右されることになるだろう。

ベンサムの方法の限界

ベンサムは、ほかの人々から洞察を引き出すことには失敗した。ベンサムの著作においては自分以外の思想家たちにそなわる正確な知識を援用したことを示す痕跡はほとんどみられない。彼の著作には、自分以外の人々は何も貴重なことを教えてくれないという確信を抱いていたことを示す多くの証拠が残されているだけである。ベンサムは、きわめて著名な先人の思想家たちに対して、形容しがたいほどの強い軽蔑の念を示すことがあった。『義務論』のうちで、その文体とそれが出版された時点から判断してベンサムが執筆したものであることが確認されるごくわずかな部分において、ベンサムはソクラテスやプラトンなどについて、これらの哲学者のもっとも熱烈な崇拝者たちを嘆かせるような軽蔑的な言葉を語っている。

これらの哲学者の思想を評価できなかったことは、ベンサムの精神の一般的な傾向と完全に一致するものであった。ベンサムの方法が適用されていない道徳的な思索について、言い換えれば(ベンサムは同じことだと考えていたのであるが)、功利的な認識を道徳的な基準としていないすべての道徳的な思想についての見解を示すために、彼はつねに「漠然とした一般論」という決まり文句を使うのであった。このような種類の思想にたいしてベンサムは、自分の目の前に現れたすべてのものは注目に値しないものとして無視してしまうことが多かった。あるいはそれについて詳しく述べる場合にも、それらを不条理なものとして非難するのであった。ベンサムはこうした一般論には、まだ分析されていない人間のすべての経験が含まれていることには注目しなかった。彼の精神の本質のために、そのようなことを考えることはできなかったのである。

人類の知恵

論理学者たちが思考する方法を教えてくれるまでは、人類は何も知らなかったとか、人々の普通の欲求と普通の経験の教えることに基づいて、普通の人々の知力によって道徳的な真理にあらかじめ荒削りな細工が加えられていたとしても、ある道徳的な真理が形而上学的に正確に表現されて最後の仕上げが行われるまでは、そのようなものは何も役に立たないものであるとか考えるのは、きわめて奇妙なことである。だから次のことは承認しなければならないだろう。

すなわち独力で考えることのできる思想家の独創性だけでなく、あえて独力で考えようとする勇気に劣らず、それまでの思想家たちと人類の集合的な精神を思慮深く尊重しようとする姿勢が、哲学者の資質の不可欠な要素をなしているのである。

人類が作り上げてきた意見というものは、あらゆる気質と性質をもつ人々が、そしてあらゆる偏見と先入観をもつ人々が、それぞれの地位と教育水準に応じて、さまざまな観察と調査の機会において示してきた意見の総体である。いかなる研究者も一人ではこれらのすべてに対抗することなどはできない。いかなる研究者も、若者であるか老人であるかのいずれかであり、金持ちであるか貧乏人であるかのいずれかであり、病気がちであるか健康であるかのいずれかであり、既婚者であるか未婚者であるかのいずれかであり、瞑想的であるか活動的であるかのいずれかであり、詩人であるか論理学者であるかのいずれかであり、古代人であるか近代人であるかのいずれかであり、男性であるか女性であるかのいずれかである。いかなる人もこれらの両方を同時に兼ねることはできない。

さらに思想家であれば、その人に固有の個人的な思索の方法という付随的な特異性がそなわっている。それだけでなく、ある人の生活に固有のさまざまな状況がそうした思想に特異な傾きをもたらす。その人の能力はあるものを感知すると同時に、他のものを見落としたり忘れたりする。その人と違った立場からみるならば、その人とは違ったものが感知されるだろう。その人が見なかったものを見ることができる人は、その人が見たものは見ることができなかったのである。

人類の一般的な見解というものは、すべての人々の下した結論を平均したものであって、個人のもっとも卓越した思想の深遠さには欠けているが、同時にそうした個人の思想的な歪みや特殊性からは免れている。それはすべての人々の特定の見解を代表するとともに、いかなる人の見解も優越した地位を占めることのない全体的な結論というべきものである。集合的な精神は表面を貫いて深いところに及ぶことはないが、表面のあらゆる部分を見渡すものである。そしてそうした深い思想家は、まさにその思想の深さのゆえに、表面のあらゆる部分を見渡すことはできない。そのような深い思想家は、その事柄の特定の側面に注意を集中するため、他の側面からは注意が削がれざるをえない。

だからこそ、個人的な判断の自由を大胆に主張する人は、先人の誤りや同時代の思想の方法の不正確さを鋭く見破ることができるが、それと同時に、すべての時代と国民における人類の思想を掘り下げて、自分と正反対の思考方法を採用している哲学者たちの思想を調べて、自分自身の知性の弱点を補強しなければならない。そうすることによって初めて、そうした思想家は自分自身では経験することができなかった事柄について、自分ではその半面を知るだけで残りの半面を知ることができなかった真理をみいだすことができる。こうした思想家が指摘した他人の誤謬というものは、多くの場合はこうした真理の誇張された側面にほかならない。

そうした思想家がベンサムと同じように、優れた研究方法を採用しているならば、そのような研究方法によって初めて掘り出すことのできる豊富な鉱石を発掘することができる可能性は高くなるだろう。しかし明晰な思想の持ち主が、自分には混雑したもののように見えるものは無に等しいものだとみなすならば、それは大きな過ちを犯すことになる。その思想家がそのようにみえるものに出会ったときには、それを覆っている霧を払って、その下からぼんやりと姿を現してくる物体の輪郭を見定めることこそが、彼の務めなのである。

ベンサムの思想家としての欠陥

そのように考えるならばベンサムの哲学者としての資格が否定される第一の要素は、彼が自分の学派に属さないすべての思想家を軽蔑し、自分自身の精神や自分に似た精神によって供給された材料だけを使って哲学を創造しようと試みたことにある。第二の否定的な要素は、ベンサムの精神は、普遍的な人間性を代表するには不完全なものであったことにある。ベンサムは人間性にそなわるもっとも自然で力強い感情の多くに共感するところがなかった。また人間性の重要な経験の多くからは、まったく切り離されていた。さらにベンサムには想像力が欠落していたために、自分とは異なる精神を理解する能力が欠けており、他の人々の心の感情のうちに入り込む能力が存在していなかった。

想像力の重要性

もちろんベンサムにも通常的な意味での想像力は、すなわち比喩的な表現や隠喩的な表現を駆使する能力は、ある程度まではそなわっていた。ベンサムの想像力によって作り出されるイメージは、詩的な教養が欠如していたために美しいものではないことが多かったが、独特な味わいがあり、ユーモラスで、時には大胆で、効果的で、力強いものだった。ベンサムの著作からは、哲学者の著作にはみられないような遊び心のあるアイロニーと演説風の雄弁を示した文章をみいだすことができるだろう。

ただしベンサムに欠けていたのは、現代の一流の作家がふつうこの言葉で語るような想像力である。すなわち実際に存在していないものを存在しているかのように思い浮かべる能力であり、たんに想像しただけのものを実在するものであるかのように思い浮かべる能力である。もしもそれが実際に存在していたならば、それが生み出すはずのさまざまな感情で、それを包み込むことができるような能力であった。この能力によってこそわたしたちは、あたかも自分が他人の心と境遇のうちに存在しているかのように、思い浮かべることができるのである。

詩人という存在がたんに自分の実際の感情を韻律によって表現するだけのものではないとすれば、この能力こそが詩人を作り出す能力である。劇作家にはこの能力はどうしても不可欠なものである。また歴史家においてもこの能力は必須のものである。この能力によってこそわたしたちは自分と異なる時代を理解することができるのである。ギゾー[*30]はこの能力によって、わたしたちに中世という時代を解釈してみせた。ニザール[*31]はローマ時代末期の詩人たちについての見事な著作において、わたしたちを帝政ローマの時代に連れ戻してくれる。ミシュレ[*32]は人類のさまざまな民族や世代の持つ独特な特性を、その歴史的な事実に基づいて浮かび上がらせている。

この想像力なしではいかなる人も、その人の境遇のために実際にそれを経験してそこから生み出したものを使うことによってしか、自分にそなわる性質すら知ることができないだろう。

＊30　フランソワ・ピエール・ギヨーム・ギゾー（一七八七〜一八七四）は、フランスの政治家で歴史家。七月王政期に最後の首相をつとめた。ローマ時代からフランス革命期までの歴史書『ヨーロッパ文明史』などの多数の歴史書を執筆している

＊31　ジャン・マリー・ナポレオン・デジレ・ニザール（一八〇六〜一八八八）はフランスの文学批評家。ロマン主義を批判して古典主義を主唱した。『フランス文学史』などの著作で一八五〇年にアカデミー入りを認められた。

＊32　ジュール・ミシュレ（一七九八〜一八七四）は一九世紀のフランスの歴史家。中世史やフランス史についての大部の著作があり、その多くが邦訳されている。「ルネサンス」の造語者でもある。

さらに同時代の人々の外面的な行為を観察することによって概念を作り出すことによってしか、同時代の人々の本性について何も知りえないだろう。

ベンサムの限界

このような想像力に欠けていたために、人間性についてのベンサムの知識は限られたものとなった。それはまったく経験的なものであり、しかも限られた経験しかもたない人物の経験に基づいたものにすぎなかった。ベンサムには内面的な経験というものも外面的な経験というものもなかった。静かで穏やかな人生を送り、精神的に健康であったために、このどちらの側面の経験ももてなかったのである。ベンサムは豊かな生活も貧しい生活も知らず、情熱も飽満も知らず、病気によって生み出される経験すら知らなかった。彼は幼年期から八五歳の高齢にいたるまで、少年のような健康を維持していた。はなはだしい落胆も心の重さも知らなかった。人生を辛いものとして感じたことも、苦痛な重荷と感じたこともなかった。彼は最期まで少年のように生きた。

ワーズワース[*33]からバイロン[*34]にいたるまで、ゲーテ[*35]からシャトーブリアン[*36]に至るまで、わたしたちの時代の天才たちを苦しめたデーモンである自意識というものは、ベンサムの心のうちで目覚めることがなかった。現代の輝かしい知恵も陰鬱な知恵も、その多くはまさにこの自意識というものの産物だったにもかかわらずである。ベンサムは自分の心のうちにどれほどの人間性が宿っているかを知らなかったし、わたしたちもそれを知ることができない。ベンサムは自分の心に働きかけている目に見えない影響について自覚したことはなかったし、他人に働き

＊33　ウィリアム・ワーズワース（一七七〇～一八五〇）は、イギリスの代表的なロマン派詩人で、自然讃美の詩で有名である。ロマン派の詩人のサミュエル・テイラー・コールリッジとは親友の仲だった。
＊34　ジョージ・ゴードン・バイロン（一七八八～一八四）は、イギリスのロマン派の詩人で、バイロン卿と呼ばれた。情熱的な作風と生涯で知られる。
＊35　ヨハン・ヴォルフガング・フォン・ゲーテ（一七四九～一八三二）は、ドイツの詩人、劇作家、小説家。ドイツの古典主義を代表する文学者であるが、初期のゲーテはロマン主義的なシュトゥルム・ウント・ドラングの代表的詩人であり、情熱的な若者の自死を描いた『若きウェルテルの悩み』はヨーロッパ中に知られた。
＊36　フランソワ＝ルネ・ド・シャトーブリアン（一七六八～一八四八）はフランスの王政復古期の政治家で、作家。フランスのロマン主義の先駆者である。

かけている影響について認識したこともなかった。異なる時代や異なる国民は、何かを学ぶという目的からすれば、彼にとっては［学ぶべき何物も書かれていない］白紙のようなものであった。

ベンサムにとっては、異なる時代や国民について判断する基準はただ一つしかなかった。すなわちそれらの時代や国民が事実をどのように把握しているか、効利について正しい見解を持っているか、その他のすべての目的を効利の観点から理解することができていたかどうかという基準によって判断したのである。ベンサムが生きていたのはたまたまイギリスの歴史においてもっとも知性が乏しく無味乾燥な人々の生きていた時代であり、一九世紀になって傑出した人々が登場し始めた頃にはベンサムはもう年老いていた。

そのためベンサムは人間のうちに、きわめて卑俗な人々が認識できるものしかみいださなかった。ベンサムは人間の性格の多様性については、通りすがりに目にすることのできるほどのものしかみなかった。人間のさまざまな感情についてはごくわずかなことしか知らず、こうした感情を作り出すさまざまな作用については、さらにわずかなことしか知らなかった。心における繊細な働きについても、外部からの心への働きについてもわずかしか知らなかった。高度な教育が普及していた時代にあって、人間のすべての行為に対して一つの規則を与えようと試みながら、人間を実際に動かしているさまざまな力についても、人間を動かすべき力についても、ベンサムほどに限られた概念によって出発した人物はおそらく一人もいなかっただろう。

このようにしてベンサムについてのわたしたちの考えは次のようなものになる。ベンサムは驚くほどの哲学的な才能と驚くほどの欠陥の両方をそなえた人物であった。自分の定めた前提から正しい結論を引き出すことができるだけではなく、十分に精密で実用に足りる結論を引き出すことができる能力においては、ほとんどいかなる人よりも優れていた。しかし人間性と人間の生活についての一般的な概念の狭さのために、彼の定めた前提は驚くほどに貧しいものだった。

このような人物によってどのようなことが実現できるか、このような優れた才能と欠陥をあわせもっている思想家が、哲学においてどのようなことを実現できるかについては、ほとんど疑問の余地はない。このような人物は綿密で正確な論理を駆使して、その偉大さにおいても精密さにおいても類例のないような規模で、さまざまな中途半端な真理を探求し、そこから必然的な帰結を引き出し、実際的に適用することができた。おそらく後世の人々はベンサムにこのような特性がそなわっているとみなすことになるだろう。

ベンサムの盲点

わたしたちはベンサムの哲学の肯定的な側面においては、真理でないものなどはほとんどないことを十分な熟慮をもって確信することができる。また彼の実際的な結論が誤っている場合があるとすれば（そして私たちは彼の結論はしばしば誤っていると考えているのであるが）、それは彼の考察している問題がそれ自体において非合理的なものであったわけでも、妥当性に欠けていたわけでもなく、彼が気づかなかった重要な原理が、これらの問題点よりも優勢であるために問題を一変させてしまったことによるものなのである。ベンサムの著作の悪しき部分は、彼が自分のみていないあらゆる事柄を断固として拒絶したために、自分の認識する真理のほかにはいかなる真理もないと確信していたことによって生まれたものである。

ベンサムが同時代に何らかの悪しき影響を及ぼしたとすれば、それはこの点だけであり、これによってベンサムは新しい否定的な学派を創設したわけではなかった。これはたんなる無知による偏見の表れであって、それによってベンサムはいつの時代にも存在する学派の先頭に立つ者となったのである。こうした学派ではつねに偉人が登場して固有の哲学的な立場を主張するとは限らない。ただ、自分の内部に存在することを自覚できないあらゆる感情や心的状態を否定したり、非難したりするあらゆる時代にみられる自然の傾向を、知性の名のもとに正当化するものにすぎない。

ベンサムの哲学がまったく考慮しようとせず、ベンサム自身が認めようとしなかった真理は数多く、重要なものである。そしてベンサムが認めようとしなかったからといって、そうした真理が存在しなくなるわけではない。それらはいまなおわたしたちとともにあり、ベンサムのみいだした中途半端な真理とこうした真理と調和させるのは、わたしたちに委ねられた仕事であるが、この仕事はそれほど難しいものではない。ベンサムが真理の半ばを見落としたからといって、彼の発見した残りの半分の真理も否定してしまうことは、彼と同じ過ちを犯すことになるだろう。しかも彼には許された言い訳も、わたしたちには許されないことになるだろう。

たとえある人には眼が片方しかなかったとしても、その片方の眼で多くのことを見抜くことができるのであれば、わたしたちはそうした片目の人に対しても寛容な姿勢を示すものである。ただし片目の人々が多くのことを見ることができるとしても、それほど深くは見抜かないだろうし、強い熱意をもって研究対象を追い求めることはないだろう。独創的で人々を驚かせるような思想の豊かな鉱脈を切り開いたのは、ほとんどつねに半分だけの真理を追求する体系的な思想家たちである。ただしこれらの新しい思想が、同じような価値をもつその他の思想を駆逐してしまうか、それとも争うことなくその他の思想の上に追加されるようになるかは、これらの半分だけの真理を追求する思想家たちの後で、完璧な思想家たちが同じ方向に進んでくれるかどうかによって決まる。

人間性と人間の生活という畑の土壌は、どれほど深く耕しても、どれほど多くの方向に耕しても、耕しすぎるということはない。畑の中のあらゆる土が掘り返されない限り、耕す作業は未完成なままである。それと同じようにあらゆる断片的な真理にそなわるあらゆる観点が結びつけられない限り、完全な真理を明らかにすることはできない。さまざまな断片的な真理がそれだけでどのようなことを成し遂げることができるかが明らかになるまでは、完全な真理を明らかにすることはできない。

ベンサムの獲得した断片的な真理が何を実現できるのかを明らかにするには、彼の哲学を再検討する必要がある。そしてこのような再検討の作業は簡単で概略的なものとならざるをえないとしても、わたしたちはここでそうした再検討を試みる必要がある。

ベンサムの人間論

いかなる思想家についても最初に尋ねる必要があるのは、その思想家が人間の生活についてどのような理論を構築していたかということである。多くの哲学者の精神においては人間の生活についての理論は潜在的なものにすぎない。そのためそうした哲学者たちが自分の理論においてすべてのものを無意識のままに自分に合わせて作り上げていることを指摘してやれば、そうした哲学者にとっては一つの啓示のようなものとなるだろう。

ところがベンサムは自分が何を前提としているかをつねに自覚していたのであり、読者にも自分の前提を明らかに示していた。自分の実際的な結論が何を理論的な根拠としているか読者の憶測に委ねるのは、彼の好むやり方ではなかった。ベンサムのように、人間性と人間の生活について自らが作り出した厳密な概念を、読者が確実に指摘することができるような手段を与えている思想家はきわめてまれなのである。

ベンサムによると人間とは、快楽と苦痛を感じることができる存在であり、人間のあらゆる行動は、さまざまに変形された利己心によって、あるいは通常は利己的なものと認められている情念によって支配されているか、他者の存在に対する共感あるいは場合によっては反感によって支配されているかのいずれかである。そして人間性についてのベンサムの概念はこれだけにとどまる。

ベンサムは宗教を考察から除外しない。そして神の与える報いと処罰についての期待は、「自らにかかわる利害」の項目に分類し、神への敬虔の感情は、神との共感の項目に分類するのである。しかし現世的なものであるか彼岸にかかわるものであるかを問わず、人間の行為を促すか抑制する原理としてベンサムが認めたのは、利己主義であるか、他の生物に対する愛あるいは憎悪であるかのいずれかだけである。そしてこの問題について疑問の余地を残さないために、そしてこの問題を解明するために、わたしたちが彼のすべての著作を読んで証拠をつかむ必要のないようにするため、ベンサムは「行為の動機の一覧表」というものを作成している。これは人間の動機を明示的に列挙して分類した一覧表であって、人間の動機としては称賛的な動機、非難的な動機、中立的な動機の三種類に分類されている。この一覧表は彼の著作集の第一巻に掲載されているので、ベンサムの哲学を理解したいと思う読者は、これを研究することをお勧めする。

人間の良心の否定

ベンサムの考えでは人間は精神的な完成それ自体を、一つの目的として追求できるような存在ではない。言い換えると人間は、自分の内的な意識とは異なる外部の源泉から生じた善なるものを希望することも悪なるものを恐れることもなく、自分の性格を、自分の考える優秀さの基準に相応しいものとすることを自ら望みうる存在ではないとされているのである。人間がこうしたことを望む存在であることは重要な事実であるにもかかわらず、ベンサムは良心という限られた形であっても、このような事実を認めようとしないのである。

ベンサムの著作においては良心というものが、博愛とは異なるものとしても、神や人間への愛情とは異なるものとしても、そして現世や来世における利己心の表れとも異なるものとしても、認められることはないのであり、これはきわめて奇妙なことと言わざるをえない。そしてベンサムは一般的な言い回しとして良心の存在という事実を意味するいかなる言葉を使うことも、意図的に避けているように思われる。ベンサムの「行為の動機の一覧表」において「良心」「道徳的な原理」「道徳的な正しさ」「道徳的な義務」などの言葉が使われているとしても、それは「名声への愛」の同義語としてである。ただし「良心」ならびに「道徳的な原理」という二つの言葉だけは、宗教的な動機あるいは共感の動機と同じ意味で使われていることが暗に示唆されている。

わたしたち自身に対して、あるいは同胞に対してわたしたちが感じる道徳的な是認あるいは否認の感情については、そうしたものが存在することすら気づいていないかのようである。そして自尊心という言葉も、この言葉に相当するその他の観念も、わたしの記憶する限りではベンサムの著作の全体を通じて、ただの一度も登場しないようである。

人間性の考察における欠落

ベンサムはこのように、言葉の精密な意味での人間性の道徳的な部分を、すなわち完全性への欲求や、是認したり非難したりする良心という感情を否認したのであるが、それだけではなかった。人間性には理想的な目的をそれ自体のために追求する営みが含まれるが、彼はこれをほとんど認めようとしなかった。ベンサムは、名誉心とか個人的な尊厳の意識というもの、すなわちほかの人がどう考えるかを気にせず、あるいはそうしたことをまったく無視して働くことのある個人的な向上心や堕落の感情のようなものは認めようとしなかった。

あるいは美に対する愛情、芸術家の情熱のようなもの、あらゆる事物における秩序や一致や調和への愛情、ならびにさまざまな事物がその目的に適合していることを愛する心のようなもの、他人に対する支配力のような限られた力ではなく、自分たちの意志を実現することを可能にするような抽象的な力への愛情、運動と活動への渇望であり、その反対物である安逸に対する愛にほとんど劣らないような影響を人間に及ぼす原理としての行為への愛情などもまた、認めようとしなかった。

人間性を構成するこれらの力強い愛情のうちのどれ一つとして、ベンサムの「行為の動機」のうちで動機としての地位を認められたものはないのである。これらの愛情はおそらく、ベンサムの著作のどこかにおいてはその存在が承認されていただろうが、こうした愛情への承認を基礎として結論が引き出されるようなことはなかったのである。

人間とはなんとも複雑な存在であるが、ベンサムにとっては人間はきわめて単純なものにと思えたのである。たとえば共感の項目においても、愛することへの愛、共感を示してくれる支持者の必要性や賛美して崇拝する対象の必要性などについては、まったく考察されていない。彼が人間性のうちに含まれる深い感情について考察したとしても、それは個人の特有な趣味として考察したにすぎない。このような特有な趣味に対しては道徳の理論家は立法者と同じように、それによって生まれる可能性のある有害な行為を禁止することを除いて、まったくかかわりをもたないとされていた。道徳の理論家が、人間がある事柄に快感を感じるべきであるとか、不快を感じるべきであると語ったり、あるいはその反対のことを語ったりするのは、政治的な支配者がこうしたことを語るのと同じように、専制的な行為であると考えていたのである。

こうした欠落の原因

このような場合に、度量が狭く感情的な反対者であればよくやるように、人間性についてのこのような考察の欠落が、ベンサム自身における人間性の欠落を示すものであると考えるならば、すなわち動機の表に含められなかった人間性の構成要素が、ベンサムの心においても欠落していたと考えるならば、それはベンサムに対してきわめて不当な評価をすることになるだろう。すでに確認したように彼が若い頃からもっていた徳の高さの感情の異常な強さこそ、彼のすべての思索の原動力となっていたのである。道徳についての高貴な感覚、とくに正義についての高貴な感覚こそが、彼の思索の導きの糸であり、彼の思索全体に広がっているものであった。

しかしベンサムは若い頃から人類の幸福、あるいは感情を持つすべての存在者の幸福というものに注目することに馴染んでいたため、そしてこれこそが望ましい唯一のものであって、そしてそれ以外の何かが望ましいものとなるのは、ただこれだけによってであると考えることに馴染んでいたため、彼は自分のうちにある無私の感情を、人類全体の幸福を願う感情と混同してしまったのである。

それは宗教的な著作者たちが、人間にとって可能な限りで徳の高さをそれ自体において愛していながら、徳の高さに対する愛情を地獄に対する恐怖心と混同しがちであったのとよく似ている。長い習慣からつねに同じ方向に働いていたさまざまな感情をたがいに区別するためには、ベンサムにそなわっていなかった繊細な能力が必要だっただろう。彼には想像力が欠如していたために、このような感情が明確に区別できる場合にも、他人の心のうちでこうした感情の違いを読み取ることができなかったのである。

弟子たちの振る舞い

ただしベンサムから大きな知的な恩恵を受けていて、彼の弟子とみなされた才能のある人々も、このような見落としをそのまま真似るようなことはなかった。これらの人々は功利主義の学説については、さらに道徳感情が正義と不正の基準にはなりえないことについては、ベンサムの見解に従ったかもしれない。しかしこれらの人々は道徳感情がこのような基準となりえないことは認めたとしても、ハートリー*37と同じようにこうした道徳感情が人間にそなわる一つの事実であることは認めたのである。その上でこうした道徳感情について説明し、それにそなわる法則を明らかにしようと努力していたのである。

それだけにこれらの人々が人間性にそなわるこうした道徳感情を過小評価したという理由で、あるいはこうした道徳感情についての考察を背後に押しやろうとする意向があったという

*37 デイヴィッド・ハートリー（一七〇五〜一七五七）はイギリスの哲学者で、観念連合の心理学の創始者である。人間の共感や良心や信仰心などは、どれも利己的な感情からの連合によって発達したと主張した。

理由で非難するのは正当なことではない。ベンサムにおけるこうした根本的な誤謬がこれらの人々に何らかの形で影響しているとしても、それは間接的な影響にすぎないのであり、ベンサムの理論のその他の部分のためにこれらの人々の精神において発生した結果を通じて影響を与えただけなのである。

三つの強制力（サンクション）

ベンサムが承認した無私の動機としては〈共感〉という動機しかなかったが、彼は特定の場合を除いてこうした共感という感情が徳の高い行為をもたらすための保証となるには不十分であると考えていた。共感のような個人的な愛情は、その他の感情と同じように第三者に害を及ぼす可能性のあるものであり、つねに管理しておかなければならないものであることを、ベンサムはよく知っていたのである。さらに人類全般を動かす動機の一つである一般的な博愛の感情については、それが義務の感情と切り離されていたならば、あらゆる感情のうちでもっとも力が弱く、不安定なものであると評価していたのであり、それは正しい評価だった。このようにして人々が実際に動かされて幸福に導かれるための動機としては、個人的な利害の動機だけが残された。

そこでベンサムの世界観においては、この世界は各人が自らの利益あるいは快楽を追求する人々の集合体によって構成されるものとみなされた。そしてこれらの人々が他人に過度に干渉することを防ぐための働きは、法律と宗教と世論という三つの源泉から生じる希望と恐怖の力によって実現されるものと考えたのである。人間の行為を制限するこれらの三つの力をベンサムは強制力という言葉で表現した。これらの強制力は、法律による報酬と刑罰によって働く政治的な強制力と、宇宙の統治者である神が与える報いと罰によって働く宗教的な強制力と、同胞である人間たちによって示される好意と反感から生じる苦痛と快楽を通じて働く世論の強制力（彼はこれを道徳的な強制力という独特な名前で呼んだ）の三つだった。

世界についてのベンサムの理論はこのようなものだった。わたしたちはこれから彼の理論について弁解するのでも非難するのでもなく、冷静に評価しようとする試みてみよう。そして、人間性と人間の生活についてのベンサムのこうした見解が、どこまで人間にとって有益なものであるかを考察することにしよう。こうした見解は道徳の理論においてどれほどのことを実現したのだろうか、政治哲学と社会哲学においてどのようなことを実現するのであろうか、さらに個人にとってあるいは社会にとってどのように役立つものであろうか。

ベンサムの倫理学的な体系の欠陥

ベンサムのこうした理論は、世俗的な思慮深さと、表面的な誠実さや親切などについて、わかりやすい指示を与えてくれることを除くと、個人の行動の指針としてはまったく役に立たないだろう。この倫理学的な体系は、個人が自らの性格を築くために必要ないかなる援助も与えてくれないし、個人が自己の陶冶の願望を抱くことも、自己を陶冶する能力が人間性のうちに存在していることも、まったく認めようとしない。仮にこうしたものを認めるとしても、この倫理学的な体系は、自らの精神のあり方を直接の対象としている精神的な感情を含めて、人間がもちうる精神的な感情のほぼ半ばを見落としているのであり、そのための自己の陶冶という重大な義務に、ほとんど助力を与えてくれないものとなっている。このような倫理学的な体系のもつ欠点については、改めて詳しく述べる必要はないだろう。

道徳というものは二つの部門で構成されている。第一の部門は、人間が自らの愛情と意志とを訓練する自己の教育の部分であり、ベンサムの体系においてはこの部分がまったくの白紙になっている。第二の部門は人間の外面的な行動を律する規則にかかわる部分であるが、この部門は第一の部門が存在しない場合にはまったく効果を発揮せず、不完全なものでしかないだろう。というのもさまざまな行為がわたしたちや他人の世俗的な利益にどのように影響するかを知ろうとすれば、何よりもまず、このような行為がわたしたちや他人の愛情や欲望に、どのような影響を及ぼすかを考慮しなければならないからである。

ベンサムの原理に立脚した道徳の理論家も、こうした原理に基づいて「殺すなかれ」「放火するなかれ」「盗むなかれ」などという教えを示すことはできるだろう。しかしそうした道徳の理論家は、人間の行動にそなわる微細な違いを規制するような資格をどのようにしてもつことができるだろうか。あるいは人間の性的な関係や、家族一般における関係や、その他の親密な社会的関係ならびに共感的な関係のように、人間の生活に含まれるさまざまな事実に対して、とくに重要な意味をもつ道徳的な原理を規定する能力をもてるだろうか。これらの問題にかかわる道徳的な原理は、ベンサムが基本的に考慮しなかったさまざまな論点にかかわるものである。こうした道徳家がたまたま正しいことを述べたとしても、それは不十分で誤った根拠の上に立たざるをえないのである。

ベンサムが本来の意味での倫理的な探求よりも法理学の方向に進んだことは世界にとって幸いなことだった。倫理学的な探求にかかわる書物としてベンサムの名前で発表されたものは『義務論』だけであるが、どのようなベンサムの賛美者であってもこの書物について言及する時には、それがそもそも発表されたことに深い遺憾の念を表明せざるをえないのである。わたしたちはこの書物によってベンサムから倫理学に関する正しい体系を学び取ろうなどとは考えもしないし、人間の精神についての深い知識を必要とする道徳の問題について、ベンサムが適切な形で取り組んでいるとも期待しないのである。

それでも当初はわたしたちはこの書物では、偉大な道徳的な問題が大胆に取り扱われ、少なくとも一般に受け入れられている意見に対して鋭い批判が展開されているのではないかと期待したのであった。ところがこの書物ではごく些末な道徳的な問題しか取り扱われておらず、しかもきわめて衒学的な詳細さをもって、取引を規制する物々交換の原理に立脚して、こうした問題が検討されているのであり、これはなんともわたしたちの期待を裏切るものだった。この書物は誤った考え方によって生み出された正当な結論が提示された書物であるという価値すらそなえていなかった。また、この書物の文章の全体が書き直されているために、ベンサムがそのうちのどれほど多くの部分、あるいはどれほどわずかな部分を執筆したのかさえ、判断できなくなっている。

　刊行が進んでいるベンサム全集には、宗教的な著作は収録されないということである。たしかにベンサムの宗教的な著作の価値はきわめて低いものであるが、少なくともベンサム自身が執筆したものである。だからこれらの著作を読むことによってベンサムの精神構造についての理解がいくらかでも深まることは期待できるのであり、わたしたちはそのことを要求する権利をもっている。ただしベンサム全集から『義務論』が除外されたのは全集の編集者の自由裁量によるもので、わたしたちはその判断の妥当性を全面的に認めざるをえないのである。

ベンサムの社会理論

ベンサムの人生についての理論が、読者個人にはこれほどまでに役に立たないものだとしたら、社会にはどのような恩恵を与えることができるのだろうか。

ベンサムの理論であっても、すでに精神的に発展していて、その他の方法で現状を維持することができるようになっている社会に対しては、その物質的な利益を保護するために必要な規則を示すことはできるだろう。ところが社会の精神的な利益のためには、こうした理論はより高度な理論のうちの一つの道具として役立つ場合をのぞいてまったく役に立たないだろう。そして実際には、社会の物質的な利益を保護するためにもベンサムの理論はそれだけではあまり役に立たないだろう。

というのも、物質的な利害関係を成立させる原因となるのは国民性であって、特定の人間集団を一つの社会として成り立たせることのできる唯一の力となるのは、この国民性なのである。この国民性こそが、ある国民が意図するものを実現する力となり、他の国民がそれに失敗する原因となるものである。あるいはある国民が高尚な物事を理解し、そうしたものを願望するようにさせるための力となり、他の国民が卑しい物事のうちに這い回るようにさせる力となるものである。これこそがある国民の偉大さを長続きさせる力となり、他の国民があっという間に衰えて滅びてしまう運命の力となるものなのである。

イギリスやフランスやアメリカのような国に、どのような社会的な組織が適切なものであるかを教えることができるためには、イギリス人やフランス人やアメリカ人の性格をどのようにすれば改善できるかを指摘できなければならないし、それらの国民の性格がどのようにして現在のようなものになったかを説明できなければならない。国民性の哲学に依拠しない法律や制度の哲学は、まったく不条理なものとなる。

ところで国民性についてのベンサムの見解はどれほどの価値のあるものであっただろうか。個人の性格のパターンについてすらごくわずかな概念しか思い描くことができなかった精神の持ち主であったベンサムに、国民性というこの高次な概念をどのようにして取り扱うことができたというのだろうか。ベンサムになしうるのは、ある特定の状態にある国民精神によって、社会の物質的な利益を保護するための手段を示すことだけであった。しかしこのような手段を行使することによって、国民性に有害な影響が生じるのではないかということは、ベンサムはまったく考慮していないのであり、これについては別の人が判断しなければならないのである。

社会哲学におけるベンサムの貢献

このようにしてわたしたちは、ベンサムの哲学がどのようなことをなしうるのかについて、ある程度の評価を下すことができるようになった。この哲学は社会的な組織のうちで実務的な部分を組織し、規制する手段を示すことができる。精神的な影響について考慮せずに理解できるか処理できる問題であれば、ベンサムの哲学は有効な答えを与えることができるだろう。しかしこうした精神的な影響について考慮しなければならないとなると、ベンサムの哲学は無力になる。ベンサムが犯した過ちは、人間にかかわることのすべてが実務的なものであるかのようにみなしたことである。少なくとも立法者と倫理学者がかかわるのは、このような実務的なものに限られるべきであるとみなしたことである。

もっともベンサムも、人間の事柄における精神的な影響に気づいたときには、それを無視することはなかった。ただベンサムには想像力が欠落しており、人間の抱くさまざまな感情についてごく乏しい経験しかなかったし、さまざまな感情相互の系統と関係については、まったく無知であった。そのためにベンサムは精神的な影響が存在することにほとんど気づかなかったのである。

だからこそベンサムが考察して何らかの成果を収めたのは人間性におけるこうした実務的な部分だったのであり、この部分においてかなりの数の包括的で明確な実践原理を提起することができた。ベンサムはこの分野においてこそ偉大な才能を発揮したのであり、この分野における貢献はきわめて大きなものであった。数世紀にわたって張り巡らされてきた〈蜘蛛の巣〉を一掃し、きわめて有能な思想家たちが力を尽くしてもますます硬く締まるばかりであった結び目を解き放つことができたのである。ベンサムこそがこの分野の多くの領域に、理性の光を初めて注ぐことができたと言っても過言ではない。

ベンサムの偉大さ

ここで私たちはベンサムがなしえなかったことについて考察するのをやめて、実際に成し遂げることのできたものについて、喜んで考察することにしよう。人類に偉大な恩恵を与えてくれた人物を、もっと大きな恩恵を与えてくれなかったからといって咎《とが》めるのは恩知らずなことである。少数の偉大な例外を除いて、ほかのどのような人物よりも多くの真理を作り出すことのできた人物、世界に多くの健全な実践的な教訓を与えてくれた人物に、このように振る舞うのは恩知らずなことであろう。わたしたちの仕事の不愉快な部分はすでに終わった。わたしたちは次に、この人物の偉大さを示すことを試みよう。彼の知性が、自らそれにふさわしいと考えた問題に対してどれほど深い理解を示したか、彼はどれほど巨大な仕事を実現しようとしたか、そしてこの仕事を実現するためにどれほど英雄的な勇気と力を振るったかを示すことにしよう。

ベンサムの仕事の領域が狭かったために、その価値も低かったなどと考えるべきではない。誰もが多くの方向に向かってわずかだけ進むか、一つの方向に向かって多くの道を歩むかのいずれかを選ばなければならない。ベンサムの仕事の領域は、いわば二つの平行線に挟まれた空間のようなものだった。ある方向においてはきわめて狭かったが、他の方向に対しては無限に伸び広がっていたのである。

法律分野におけるベンサムの功績

よく知られているようにベンサムの思索の営みは法律の分野から始められた。そしてこの法律の分野においてこそ最大の成果をあげることができた。ベンサムがこの仕事に取り掛かった頃には法哲学は混沌の状態にあったが、この分野から離れた時には法哲学は科学になった。法律の実践はきわめて混沌とした状態であったが、ベンサムはこの混沌としたごみの山に川を流し込み、この川がこの混沌のごみ山を粉々にして流し去ったのである。

ベンサムは法律家に対して、きわめて誇張された激しい非難の言葉を口にしていたし、社会の一部の分野が社会全体の過ちの原因であるかのように咎めていた。わたしたちはそれに倣《なら》うものではないとしても、次のように語ることはできるだろう。すなわちかつてヴォルテールは法律家たちを「古い野蛮な習慣を保存する人々」であると定義していたが、さまざまな事情のためにイギリスの法律家たちはまさにこのヴォルテールの非難にふさわしい人々になっていたのである。

イギリスの法律の土台は過去においては封建制であったし、現在にいたってもなお封建制である。封建制というシステムは、法律として制定される以前に慣習として確立されていたすべての制度と同じように、その制度を生みだした社会の必要を満たすために、ある程度までは適切なものであった。こうした制度は、征服した民族を隷属させ、彼らから奪った戦利品を自分たちで分配している野蛮な兵士たちの集まりにふさわしいものだった。

しかし文明が進むと、奴隷の身分へと落とされていたかつての武装した敵の野蛮な兵士たちも、やがては勤勉で商業的で豊かで自由な人々に変わっていった。封建制の社会状態に適切なものであった法律は、文明が進んだ社会の状態にはまったく適さないものになっていた。文明が進んだ社会というものも、法律を新たな社会に適切なものとすることなしには生まれることもできなかっただろう。しかしこのような適応は思想によるものでも設計によるものでもなかった。こうした適応は、社会の新しい状態とそうした社会に必要な要件を包括的に考慮して生まれたものではなかった。

このような適応は実際には数世紀にわたって、昔ながらの野蛮な状態と新たな文明の状態とのあいだで闘争が展開されることで実現されたのであった。この闘争は、自ら確立した野蛮な制度に固執する征服者たちの封建的な貴族制度と、自らの解放を実現しようとしている征服された人々とのあいだの闘争であった。征服された人々は力を強めつつあったが、課せられた束縛を断ち切ることができるほどに強力ではなかった——もっとも、ところどころに弱い環が存在し、そこがほころびていたのではあったが。

このようにしてイギリスの法律は、小学校に入学した際に仕立てた服を一度も脱がずに成長した大人の衣装に似たものとなっていた。帯も次々と破れて衣服には裂け目が広がっていたのだが、それを手直しするために、自然に脱落する部分の他には何も取り除かずに、裂けた部分だけを繕い、あるいは新しい法律を最寄りの店から買い求めた端切れのようにつけ加えて縫いつけたのである。

このようにしてイギリスの法律のうちには過去のあらゆる時代の名残が顔を見せていたの

であり、あらゆる時代の産物が、統合されることもなく下から上に積み重ねられていたので、すべてを同時に眺めることができた。地球の表面の断面図からは、地球の歴史のさまざまな異なる時代を読み取ることができ、それぞれの地層の堆積物は、前の時代の堆積物に置き換わるのではなく、たんにその上に積み重ねられている。そしてイギリスの法律もまさにこれと似た状態であった。

このようにして法律の世界においても自然の世界と同じように、地層における断裂や不規則性のように、さまざまな構成要素のあいだのあらゆる動揺と対立の痕跡が残っているのである。かつて胸をかきむしるような強い印象を残した社会のあらゆる闘争の痕跡は、それに該当する法律の分野における支離滅裂な状態から一目で見分けることができた。たがいに争い合う政党が、敵の政党を陥れるために仕組んだ罠や落とし穴の痕跡まで、いまだに見分けることができるほどである。そしてこれらの大昔の洞窟の中にいまなお見いだすことのできる奇妙な異物の上には、ハイエナの歯型だけではなくキツネなどのあらゆる狡猾な野獣たちの歯型も残されているのである。

イギリス法の改善の歴史

それ以前のローマ法と同じように、イギリス法では野蛮な法律を文明社会の成長に合わせて適応させる営みがひそかに行われてきた。このような適応の営みを担当したのは裁判所であり、裁判官たちは自分が担当した個人的な訴訟事件のうちに、人類の新たな要求を読みとらざるをえなかったのである。しかし裁判官たちはこのような新たな要求にふさわしい新しい法律を定める権限を与えられていなかったので、ひそかにそうした作業を行って、無知で偏見に満ち、多くの場合に野獣的で専制的な立法府の嫉妬や反対を避けるしかなかったのである。信託に法的な効力を付与したり、限嗣相続*38を廃止するなど、こうした改善のうちでもとくに必要とされた事柄は、実際には断固として宣言された議会の意志に反するかたちで行われた。融通の利かない議会は裁判官たちの賢さに太刀打ちすることはできず、裁判官たちがその規定をうまくす

*38　限嗣相続とは、親族内で相続の順位を定めて、財産の分割を防ぐ規定である。長男を先頭に男系の親族をたどって、男性の一人の相続人がすべての財産を受け継ぐように決められることが多く、多くの場合、女性は相続手続きから排除されることになる。

り抜けることのできない法律を作り出そうと何度も試みたものの、結局は失敗したのである。

信託にかかわる争いの歴史の全体は、現在でも譲渡証券に関わるさまざまな用語のうちに読み取ることができる。たとえば検事総長についての最近の法案によって、罰金の制度と権利回復の制度が廃止されるまでの限嗣相続に関する闘争の歴史を読み取ることができる。これまで訴訟依頼人は、財産の贈与を行うたびに、このような歴史的な骨董物の飾り棚に、高い料金を支払ってきたのである。

社会制度を改善するためにこのような［裁判官たちによる］ひそかな変更という方法が採用されてきたので、新しいことを始めるにあたって、古い形式や名称に矛盾しないように配慮しなければならなかった。たとえば農業の改良を実例としてみよう。新たに農具の鋤《すき》を使用するに際してはそれまでの鍬《くわ》の形に似せる必要があったし、新しい挽具が登場して、鋤を馬の尻尾に結びつける原始的な方式が廃止された後も、馬の尻尾が形式的には鋤に結びつけられたままであった。そして法律を改正するときにもこのようなやり方が残されたのである。

イギリス法の混沌

闘争が終了して、いわば混合物がある程度は固定した状態になり、こうした状態が法律家たちにとってもきわめて有益できわめて快適なものになった後に、人間精神の自然な傾向にしたがって、法律家たちは新しい状態についての理論を構築するようになり、必要な場合にはこうした新しい状態を整理して、組織的な形式を与えなければならなかった。イギリスの法律家たちは自分たちの法哲学を構築する際に帰納と抽象の方法を駆使したのであるが、そのために使った素材はこのような断片と端切れで構成されていたのである。そしてそのうちで秩序立っているか組織されている部分は、すでに半ば以上が廃止された初期の野蛮な部分なのであった。イギリスの法律家たちは、ローマ帝国の法律家たちとは違って、論理的な習慣も一般的な教養ももたずに、このような変更を加えなければならなかったのである。

　ベンサムの目の前にあった法哲学は、実務にあたるイギリスの法律家たちが作りだしたものであり、がらくたの寄せ集めだった。そこで使われている言葉は、不動産と動産、普通法と衡平法、王権蔑視罪、教皇尊信罪、犯罪隠匿罪と軽罪のように、イギリスの制度の歴史から切り離してしまうとまったく意味を持たないものでありながら、それが事物の本性に内在した特徴を示すものとみなされていたのである。こうした区別は海洋と岸辺との境界を示す満潮時水位点のような虚しい区別にほかならなかったのである。

またこうしたイギリスの法哲学ではあらゆる種類の不合理と、金儲けのためのあらゆる悪しき習慣がはびこりながら、自らを弁護する根拠を持っていたのであるが、こうした根拠は便宜によるものであることを装うことすらせず、たんなる技術的な理由であったり、古い野蛮な体系から採用されたたんなる形式的理由であったりするのだった。法律の理論はこのようなものである一方で、法律の実践がどのようなものであったかを示すためには、ジョナサン・スウィフトの筆力や、[39]ベンサム自身の筆力を必要としただろう。訴訟のすべての進み行きは、弁護士が利益をえるために考え出されたものであるかのようであり、訴訟の当事者はそのための餌食のようなものであった。もしも貧しい人々が、訴訟のための費用を支払うことのできる［貪欲な高利貸しの］ジャイルズ・オーヴァーリーチ卿[40]のような人々に餌食にされなかったとすれば、貧しい人々はそのことについて法律に対してではなく、世論と慣習に対して感謝すべきであったであろう。

ベンサムの資質

ベンサムはこれらの事柄をすべて不合理なものと呼んで、そのことを証明しただけのことであり、それはたやすいことであったと考える人もいるかもしれない。しかしベンサムはこの仕事を青年の頃に始めたのだが、老年になってからも追随する人をみいだすことができなかったのである。このような有害な混乱状態が存在したにもかかわらず、ある種の迷信のためにこのような混乱状態を検討することも、それを疑問とすることも妨げられてきたのである。このようにしてブラックストンの魅力的な説明がイギリス法に対する正しい評価として通用する結果と

＊39　ジョナサン・スウィフト（一六六七～一七四五）は、イングランド系アイルランド人の諷刺作家。『ガリヴァー旅行記』などでイギリスの社会を風刺した。
＊40　ジャイルズ・オーヴァーリーチ卿とは、エリザベス朝の喜劇作家フィリップ・マッシンジャー（一五八三～一六四〇）の戯曲『古い借金を返す新しい方法』に登場する悪徳金貸しの名前である。

なり、人間の理性の恥ずべきありかたが、理性のもっとも完璧な状態であると宣言されてきたのである。

　こうしたことにはやがて、歴史の診断が下されることになるだろう。ベンサムこそこのような迷信に致命的な打撃を与えた人物なのであり、ヒュドラを滅ぼしたヘラクレス[*41]であり、有害なドラゴンを滅ぼした聖ゲオルギオス[*42]であり、名誉が与えられるべき人物だったのである。彼の特異な能力がなければ、いかなる人もこのような偉業を実現できなかっただろう。ベンサムの疲れを知らぬ忍耐力と、他人の同意をまったく必要としない確固とした独立心と、強い実務的な気質と、総合を重視する習慣と、何よりも彼に固有の方法、これらのすべてが必要とされたのである。

　曖昧な一般的な概念によって武装した形而上学者たちは、この問題を解決しようと試みたものの、一歩も前進できなかった。法律が携わるのは実務的な業務であり、取り扱うのは抽象的な概念ではなく手段と目的である。曖昧さに対処するためには曖昧さではなく、明確さと正確さが求められる。細部を処理するためには一般的な概念ではなく、詳細な概念が必要である。

このようなテーマについては、既存の状態が悪しきものであることを示すだけではいかなる進展も実現することはできず、どのようにすれば事態を改善できるかを示す必要があった。ベンサムを除いてわたしたちが読むことのできる著書を執筆してきたいかなる偉大な人物も、この戦いに必要な資格をそなえていなかった。ベンサムこそが、この戦いを最終的に成し遂げたのである。

ベンサムの業績

ベンサムが成し遂げたことの細部についてここで述べることはできない。その概要を示すだけでも数百ページの枚数が必要となるだろう。ここではいくつかの簡単な見出しのもとでわたし

＊41　ギリシア神話の英雄のヘラクレスは、テーバイの王の娘をめとったが、狂気に襲われて子供たちを殺害したために、その罪を贖うために一二の難行を命じられた。レルネの沼の水蛇ヒュドラ退治もその一つである。
＊42　キリスト教の聖者の聖ゲオルギオスは、人間の犠牲を要求してきたドラゴンを殺害して、生贄とされようとしていた王女を救出したと伝えられており、この主題で多くの絵画が描かれた。

たちの評価を要約することにしよう。

第一にベンサムは法哲学から神秘主義を追い払うことに成功した。特定の明確で精密な目的を実現するための手段として、法律を実務的な観点から眺めるための模範を示した。

第二にベンサムは法律一般の観念と法律体系の観念にまつわるか、そこに含まれているさまざまな一般的な観念にまつわる混乱と曖昧さを一掃することに成功した。

第三にベンサムは法典の編纂の必要性と実行可能性を証明してみせた。これは法律の全体を、体系的に配列された成文法の法典にまとめ上げる作業である。ただしこの法典はナポレオン法典とは違って、定義というものをまったく示していないために、技術的な用語の意味を調べるために絶えず先例を考察しなければならない法典ではなかった。ベンサムの法典においては技術的な用語の意味を解釈するために必要なものがすべて含まれており、しかも法典そのものを改訂し改善するために必要な手段も、つねに示されていたのである。

ベンサムはこのような法典がどのような構成要素をそなえているものであるか、これらの構成要素はたがいにどのような関係にあるものであるかを明確に示した。さらに独特な区分と分類の方法によって、法典のさまざまな部分を組織的に命名し、配列するためには、どのような方法が可能であり、どのような方法が必要であるかを示した。ベンサムがやり残したことは、ほかの人々でもかなりたやすく遂行できるようなものだけだった。

第四にベンサムは、民法で取り上げるべき社会の緊急問題について組織的に観察し、民法の規定の価値が計られるべき人間性のさまざまな原則についても組織的に考察した。すでに明らかにしたようにベンサムのこうした考察は、精神的な利益がかかわる場合にはつねに欠陥のあるものであったが、どの国の法律にせよ、物質的な利益を保護することを目指した大部分の法律については、すぐれた手腕を示したのである。

第五にベンサムは、すでに注目すべき仕事が成し遂げられていた刑法の分野については、法哲学におけるあらゆる部門のうちで裁判手続きにかかわる哲学と、裁判組織と証拠にかんする哲学が、きわめて惨めな状態にあることを明らかにした。そして彼はこの部門を直ちに完璧に仕上げたのであった。裁判手続きの哲学にかかわる原理をすべて確立しただけではなく、実際の制度の提案においても、余すところなく仕事をなし終えたのである。

ベンサムの原理の浸透

これまでベンサムを擁護して述べたこれらのことが正しいかどうかについては、判断を下す能力のある人々に委ねることにしたいが、その結果について懸念する必要はないだろう。司法の分野で最高の地位にある人々のうちにも、こうしたベンサムの擁護の言葉を意外なものとは考えない人々がいるほどである。ベンサムから影響を受けないように努めてきた人々の心のうちに、あたかも浸透作用が働いているかのように、ベンサムが提唱した原理は次々と染み込んだのであり、これらの人々の心のうちでは、偏見も無意味な考えも追い払われている。どのような国にあってもベンサムの原理に立脚して法律を改正しようとすれば、長い時間をかけて段階的に進めるしかないだろう。それでもそのための作業はすでに始められたのであり、議会においても法廷においても、毎年のようにそのための作業が行われているのであって、そうした作業はますます無視できないものになっている。

ベンサムの原理の弱点

ここでベンサムという人物そのものと、彼の法典編纂の原理に対してときに投げかけられる非難の言葉について、一言述べておくべきだろう。ベンサムも彼の法典編纂の原理も、あらゆる時代とあらゆる社会状態に適した御仕着せの制服のように、既製の法律を適用できると考えられているのではないかという非難である。法典編纂という理論は、その言葉からも明らかなように たんに法律の形式だけにかかわるものであって、内容にはかかわらない。すなわち法律の内容がどのようなものでなければならないかということにはかかわらずに、どのような法律であるにせよ、法律である限りは組織的に編纂しなければならないし、言葉の定義は確定されたものでなければならないことを主張しているだけなのである。

すでに述べた非難については、ベンサムの著作集に収録されている一つの論文が完璧に回答しており、この論文は著作集に収録される際に初めて英語で発表されたものである。この論文は「時間と場所が立法に及ぼす影響について」という題名の論文である。この論文から、異なる国民は法律に対して異なる要求をそなえていることについて、ならびに法律を必要とするその他の要件について、すでにベンサムが一貫して留意していたことが明らかになるだろう。ただし人間性についてのベンサムの理論は不完全なものであったために、ベンサムの思索に固有の制約がここでも明らかになるのはたしかである。

というのもすでに確認したようにベンサムは国民性についても、国民性を作り出して維持するさまざまな原因についてもほとんど考慮しなかったのであり、ごく限られた場合を除いて、ある国の法律をその国の国民を教育するための手段として考察する試みは、ほとんど行っていなかったからである。法律がこのような教育のための手段としての役割を果たすということが、法律の最も重要な役割の一つなのであり、その国においてすでに実現されている教養の種類と程度に応じて、法律というものも変えなければならないのは明らかである。

本来の教育において教師というものは、それまでの教育プロセスにおいて実現された進歩にふさわしい形で生徒にさまざまな課題を与えるものであるが、法律についても同じことが言える。粗野な独立に馴染んでいたわたしたちの野蛮な祖先たちと、軍事的な圧政に屈していたアジアの民族を同じ法律によって統治することはできない。というのも奴隷は教育によって自らを律することを学ぶ必要があり、野蛮な人々は教育によって他者の統治に服従することを学ぶ必要があるからである。

それと同じようにも一般的な原則に基づいて示されることは何ごとも信用しようとしないイギリス人と、こうした一般的な原則に基づいて示されないことは何ごとも信用しないフランス人を、同じ法律で律することはできない。さらに本質的に主観主義的な民族であるドイツ人と、本質的に客観主義的な民族であるイタリアの北部および中部の民族を教育して、それぞれの本質にふさわしい形でひとつの統一された国民と社会的な政治体に構成するには、まったく異なる制度が必要となる。というのもドイツ人は情愛の深い夢想的な民族であるが、イタリア人は情熱的で世俗的な民族だからであり、ドイツ人は信じやすく誠実であることが多いが、イタリア人は計算高く疑り深いことが多いからであり、ドイツ人はそれほど実際的でなく、イタリア人はあまりに実際的だからであり、ドイツ人には個性が欠けているが、イタリア人は同胞に対する愛情が欠如しているからであり、さらにドイツ人は十分に自己主張しないために失敗するが、イタリア人は十分に他人に譲歩しないために失敗するからである。

ベンサムはこれらの観点からさまざまな制度を観察することを習慣としていなかった。このような欠落がベンサムの思想全体に影響したのは明らかであるが、それでもこのような思考の誤りのために、民法や刑法でそれほど重大な欠陥が生じたとは思われない。欠陥が根本的なものとなったのは憲法の部門においてであった。

ベンサムの統治の理論の評価

最近ではベンサムの統治の理論について、世間での評価が高くなっているようである。急進派の哲学[*43]においてはこの理論がきわめて重要な地位を占めるようになっており、急進派の思考方法においてベンサムの統治の理論がきわめて重要な地位を占めるようになったため、多くの著名な人々も急進派の哲学としてはベンサムの統治の理論しかないように考え始めたほどである。こうした人々はやがてその過ちに気づくようになるだろうが、ここではベンサムの統治の理論にそなわる真理と誤謬を区別するためにいくらか検討してみることにしよう。

統治についての三つの問い

統治については三つの重要な問題がある。第一の問題は、国民はどのような権威に服従することによって利益を得られるのかということである。第二の問題は、国民はどのようにしてそうした権威に服従するようになるのかということである。これらの二つの問題に対する答えは、その国民がどのような種類と程度の文明と教養の水準に到達しているか、どのような素質によって、多くのものを受け入れようとするのかに応じて、限りなく異なるものとなるだろう。

第三の問題は、このような権威が乱用されることを防ぐためにはどのような方法を採用すべきかということであり、この問題についての回答はそれほど大きな違いを示さないだろう。これらの三つの問題のうちでベンサムが熱心に取り組み、自ら納得できる回答を示したのは第三の問題だけであった。ベンサムはこの第三の問題に対して、それに可能な唯一の答え、すな

＊43　イギリスの一九世紀の急進主義的な運動は、ベンサムの哲学に依拠して、ベンサムの弟子のミルなどが中心となって展開したものであり、ミルによって「哲学的急進主義」と名付けられた。政治的には選挙制度の改革や市民的な自由の確保などを目指していた。

わち〈責任〉という回答を与えたのである。この責任とは、ここで目指されている良き統治という目的に合致しているような自己利益を、すなわち明白で認識することのできる自己利益を所有している人々に対する責任のことである。

次に問題となるのは、それではこのように社会全体の利益と合致し、良き統治という目的と合致した自己利益を所有している人々とは、どのような人々なのかということである。ベンサムはこのような人々とは多数者のほかにには存在しないと語っている。しかしわたしたちは多数者そのもののうちには、そのような人々をみいだすことができないことを指摘しなければならない。あらゆる時点においてあらゆる事柄において全体の利益と合致することができるのは、共同体の多数者のような社会の一部ではなく、社会全体でなければならないのである。

しかし代議政体においては、事実において多数者に社会全体を統治する権力が与えられているのであるから、この問題を解決するためには三つの問題の第一の問題、すなわち国民がどのような権威のもとに置かれるならば自らの利益を実現することができるかという問いに答えなければならなくなる。この問いに対する答えが〈国民自身における多数者という権威のもとである〉というものであれば、ベンサムの体系には異議を申し立てることはできなくなる。このような前提のもとであれば、ベンサムの『憲法典』は称賛するに値する法典となるだろう。ベンサムには包括的な原理を把握するとともに、微細な細目にも目を配る類まれなる能力がそなわっていたのであり、彼は驚くほどの活力をもって、支配者が国民の多数者の統制から逸脱することを防ぎ、国民の多数者が絶え間なくそうした支配者への統制を実行できるようにするだけでなく、そうした統制を実際に実行させるようにする方法を示している。そして彼は多数者の意志に完全に服従することができると同時に、道徳的にも知的にもあらゆる望ましい能力をそなえた公務員を多数者に提供する方法も示したのだった。

世論の支配

しかしベンサムの政治哲学の基礎となるこのような理論は、普遍的な真理であると考えることができるだろうか。人類があらゆる時点とあらゆる場所において、社会のうちの多数者の絶対的な権力のもとに置かれるのは、はたして良いことなのであろうか。ここでわたしたちは政治的な権力とは呼ばず、たんに権力と呼んでいるが、それは人間の身体に対して絶対的な権力を行使する者が、人間の精神にも絶対的な権力を行使することはありえないと想定するのは幻想だからである。このような権力を持つ者はおそらく法的な刑罰ではなく社会的な迫害の力を借りて、自らの定めた基準にそぐわない意見や感情を統制しようと試みるのではないだろうか。あるいは自らの採用するモデルに基づいて若者の教育を設計しようと試みるのではないだろうか。そして自分の立場に反対するすべての書物とすべての学派を、社会的な運動のために人々が集まって設立するあらゆる団体を絶滅させようと試みるのではないだろうか。こうした権力をもつ者たちがそうしたことを試みないと想定するのは幻想にほかならない。だからこそわたしたちは、世論の専制的な支配のもとに置かれることが、あらゆる時代のあらゆる国民において、もっとも人間にふさわしい状態なのかと問い掛ければならないのである。

急進主義哲学

現代ヨーロッパにみられた貴族主義的な統治に対する反動が顕著になっている現代においては、高貴な精神を持つ人々のうちでこのような理論が受け入れられるようになったことは十分に理解できることである。貴族主義的な統治においては、少数の人々の私的な利益と安楽を実現するために、社会の全体が犠牲にされたのであり、ときたま人間的な感情や思慮深さによってこれがどうにか妨げられることがあったにすぎない。

ヨーロッパの改革者たちは、統治によっていたるところで多数者が不正にも抑圧され、いたるところで踏みつけられ、せいぜいよくても無視されていることをみいだすのに慣れていた。いかなるところにおいて多数者は、自らが陥ったきわめて深刻な苦境を改善するための手段をもたず、自分たちの精神的な陶冶のための手立てももたず、支配階級の金銭的な利益のために公然と課税されるのを防ぐ力ももたないことを、つね日頃からみせつけられてきたのである。「急進主義」とはこのような事態を目の前にして、さまざまな方法のうちでもとくに多数者に大きな政治的な権力を与えることによって、こうした事態を終わらせることを目的とする理論なのである。

そしてきわめて多くの現代人がこのような願望を抱いており、こうした願望を実現することはその人が自分の生涯を捧げるに値する目的であると感じていたため、ベンサムの統治の理論は歓迎されたのである。ただし人類にとっては一つの悪しき政府から別の悪しき政府へと移行するのがありきたりの運命であるとしても、哲学者たちは真理の重要な部分をその他の特定の部分のために犠牲にすることによって、このような運命の片棒を担いではならないのである。

世論の専制と抵抗の中心

いかなる社会においても多数者というものは、社会的には同じような境遇にある人々であり、主として未熟練の手工業の労働者という同じ職業の人々で構成されているに違いない。わたしたちはこれらの人々に軽蔑のまなざしを向けようとするものではないし、これらの人々に対して不利なことを口にするとしても、それは商店主や地主たちのような多数者にも言えることなのである。同じような社会的な地位と職業にある人々には、同じような偏向と情念と偏見がみられるだろう。そしてある組み合わせの偏向と情念と偏見に絶対的な権力を与えておきながら、そのような権力を別の組み合わせの偏向と情念と偏見によって補正しようとしないならば、このような不完全な状態を是正しようと試みることは、絶望的な営みになるだろう。それは狭量で卑しい人間性の一つの類型を普遍的で永続的なものとすることであり、人間の知的な本性と道徳的な本性を一般的に改善させるためのあらゆる影響力を破壊することである。

わたしたちは社会のうちに至高の権力が存在しなければならないことは十分に承知しているし、多数者がそのような権力を握るべきであることは全体として正しいことであると考えている。しかしこれはそれ自体として正当なものであるのではなく、この問題を解決するために採用される立場としては、他のどの立場よりも、それほど不当なものではないというだけのことである。

それでも社会のさまざまな制度は、偏った見解を補正するためにも、思想の自由と人格的な個性を維持するための避難所の役割を果たすためにも、何らかの形で多数者の意志に対立するような永続的な常設の野党のような存在を確保しておく必要がある。長い期間にわたって進歩的でありつづけた国や、ずっと偉大さを保ちつづけてきたような国であれば、貴族に対する平民、国王に対する聖職者、聖職者に対する自由思想家、地方の豪族に対する国王、国王や貴族に対する庶民のように、支配権力がどのような種類のものであったとしても、そのような支配権力に対抗する組織された野党が存在していたのであり、そのことによってこそ、進歩的でありえたし、偉大でありえたのである。

歴史上の偉大な人物はすべてこうした「野党」の立場に立っていた。このような闘いが継続されていないところでは、あるいはたがいに対立する原理の片方が完全に勝利を収めてこのような闘いが収束して、古い戦いに代わる新たな戦いが起こらなかったところでは、社会は硬直して中国のような静止状態に陥るか、崩壊してしまうかのいずれかだった。

支配権力が聖職者階級や貴族階級であるか、多数者の意見が主権を握っているような場合には、抵抗の中心と呼ぶべきものが存在する必要があった。そしてこのような抵抗の中心のまわりに、支配権力に快くみられていないあらゆる道徳的な勢力や社会的な勢力が団結することができることが必要であり、あるいはこうした勢力を全滅させようとする支配権力の攻撃から逃れるために、このような抵抗の中心の砦に隠れることができる必要があった。このような抵抗の拠点がまったく存在しないところでは、人類は退化してしまわざるをえない。たとえばアメリカ合衆国が没落して第二の中国のような国になるかどうかは（どちらもきわめて商売上手で勤勉な国家である）、このような抵抗の中心が次第に発展していくことができるかどうかにかかっている。

抵抗の中心

ベンサムは国王や貴族院を排除して、普通選挙によって多数者に主権を与えることだけでは満足できず、世論という軛《くびき》によってすべての公務員をますます強く拘束する手段を作り出そうと努力していた。そのことによって少数者や公務員自身の正義の観念によってごくわずかでも、ほんのわずかな期間でも影響が生じる可能性を排除するために、できる限りの工夫の才を凝らしていたのである。これらのことを考え合わせてみればわたしたちには残念ながら、ベンサムが彼の偉大な知的な能力を最大限に発揮してくれたとは思えない。もしもある権力が最大の力を発揮するようになったならば、その権力が確立されるためにはもはや十分なことがなされたのであり、それ以降はむしろその最強の権力がその他のすべての力を呑み込んでしまわないように努力する必要がある。というのも社会のすべての力が一つの方向だけに働くようになれば、個々の人間の正当な権利が失われる危険性がきわめて大きくなるからである。

多数者の権力というものは、それが攻撃の目的ではなく防御の目的に使われている限りは、そして個々の人間の個性に対する尊敬の念と、洗練された知性の優越性を認めようとする謙虚な心によって、その働きが和らげられている限りは、有益なものである。もしも本質的に民主的な制度が、何らかの手段を講じて、こうした尊敬の念や謙虚な心を保存し、強めようとする際に、ベンサムがそのための手段を提案する作業に従事してくれたのであれば、彼の思想は永続する価値のあるものであるとともに、その仕事は彼の偉大な知性にふさわしいものとなっただろう。もしもモンテスキュー*44が現代に生きていたならば、この仕事に従事していたことだろう。わたしたちは現代のモンテスキューとも呼ぶべきトクヴィル氏*45からこのような恩恵をこうむる宿命となっているのだと思われる。

ベンサムの政治哲学の長所

それではわたしたちはベンサムの政治的な思想は無益なものであったと考えるべきなのだろうか。断じてそのようなことはないのだが、それでもわたしたちはベンサムの思想が一面的であったことを指摘せざるをえない。ベンサムは完全な統治にそなわるべき理想的な性質の一つを明るみに出し、さまざまな混乱と誤解を取り除いて、こうした理想的な性質を促進するための最善の手段をみごとに指摘した。この統治における理想的な性質とは、自らの利益のために権力を受託者に信託している共同体は、権力を受託した人物と同じ利益を共有しなければならないということであるが、この性質は理想的なまでに完璧なものとなることはありえず、他の

＊44　シャルル＝ルイ・ド・モンテスキュー（一六八九〜一七五五）は、フランスの哲学者。多数の諸国の法律を比較して考察した社会学的な趣のある代表作『法の精神』では、政治的な自由を確保するために政治権力を立法・行政・司法に三分割する「三権分立論」を提唱したことで有名である。

＊45　アレクシス＝シャルル＝アンリ・クレレル・ド・トクヴィル（一八〇五〜一八五九）は、フランスの政治思想家で法律家。アメリカにおける多数派の専制について警鐘を鳴らした『アメリカのデモクラシー』はヨーロッパの政治思想に大きな影響を与えた。

すべての要件に絶え間なく目を配りながら、完璧なものに近づけるように努力しなければならないものである。ただしこうしたその他のすべての要件を実現しようと試みる際には、この理想的な性質の重要性を見失わないように用心しなければならない。もしもその他の目的を実現しようと試みるために、この理想的な性質の実現が後回しにされたならば、必ず犠牲が必要となるのであり、それが害悪をもたらさざるをえないのである。

ベンサムは現代ヨーロッパの社会においてはこの犠牲がいかに全面的なものとなってしまったかを示したのであり、偏った悪しき利益が支配的な権力となり、ただ世論だけがこれを制約しているにすぎないことを明らかにした。世論はこのように現代の社会秩序においては、つねに善なるものをもたらす源泉のように思われたので、ベンサムは生まれつきの偏りのある判断によって、世論に本質的にそなわっている美点を誇張するようになった。そして彼は、支配者のこのような偏った悪しき利益がさまざまに仮装しながら貫徹されていること、時にはこうした利益によって動かされている人々を欺くような偽装によって貫徹されていることを、いたるところで暴いたのであった。

普遍的な人間の本性についての哲学におけるベンサムの最大の貢献は、「利益に根差した偏見」と呼んでいるものについて説明したことである。彼はこの概念によって、人間には自己利益を追求することが自分の義務であり、美徳であるとすら考える傾向がそなわっていることを説明しようとした。この考え方がベンサムに固有なものでなかったのは明らかである。すでに多くの道徳学者たちは、わたしたちが自分の利己的な傾向性にしたがいながらも、あたかもそうでないかのように自分を納得させるために、さまざまに工夫するものであることを明らかにしてきたし、宗教的な著作者たちは、ベンサムよりもさらに深くこうした傾向性を掘り下げてきたのである。というのも宗教的な著作者たちは人間の心の深みと紆余曲折について、ベンサムよりも深い知識を持っていたからである。

ただしベンサムの思想の独自性は、人間の利己的な利益を階級的な利益として示したことであり、こうした利益の上に階級的な道徳が構築されたことを示したことである。すなわち共通の利益をもつ人々が密接に交流する集団においては、そうした共通の利益を自らの道徳の基準とする傾向があること、またそのような階級を構成する人々の社会的な感情は、それらの人々の利己的な感情にとって都合よく働くものであることを、ベンサムは明らかにした。このようにしてきわめて英雄的な無私の行為が、もっとも醜い階級的な利己主義と結びつくようになっていることをベンサムは示したのである。これはベンサムの主要な考え方の軸をなすものであり、彼が歴史の解明に貢献することができたのはまさにこの考え方によってであった。この考え方によって説明した部分を除いて、歴史の大部分はベンサムにとっては解明することのできないものであっただろう。

ベンサムにこの考え方を示したのはエルヴェシウスであって、彼はその著作『精神について』においてこの考え方についてきわめて正確に記述していた。エルヴェシウスのもう一つの重要な観念は、環境が個人の性格に影響を及ぼすという観念だった。一八世紀のフランスのその他の多くの形而上学者は、ただ文学史に名前を残すだけだと思われるが、エルヴェシウスはこの二つの観念によってルソーとともに後世に名を残すことになるだろう。

功利主義の理論

これまでベンサムの哲学について簡単に概略を考察してきたが、ベンサムの名前と結びつけて考えられている哲学の第一原理「効利の原理」、彼が後に言い換えたところでは「最大幸福の原理」についてはあまり語ってこなかったことに、読者は驚かれるかもしれない。紙面に余裕があるか、ベンサムを正しく評価するために本当に必要であれば、この原理について多くの事柄を語るべきであろう。道徳の形而上学について議論すべき適切な機会があれば、あるいはこのような抽象的な問題について分かりやすい意見を述べて説明する機会が与えられているのであれば、この問題について考えるところを述べる用意はある。ただしいまのところは、適切な解釈さえ施せば、わたしたちはこの原理については彼とまったく同意見であること、ただし道徳の詳細な問題について正しく考察するにはこの原理を明確に主張するだけでよいというベンサムの意見には、同意できないことを指摘しておくにとどめよう。

わたしたちは効利または幸福という原理は、追求すべき目的としてはあまりに複雑で不確定なものであって、さまざまな二次的な目的を利用しないかぎり、こうした目的を実現できないと考えている。ただし究極の第一原理については意見の異なる人々のうちでも、こうした二次的な目的についての意見が一致することはありうるし、実際にしばしば意見が一致しているのである。さらに道徳の形而上学に関わるさまざまな重要問題について意見が対立していることから考えても、こうした二次的な目的についても意見が対立すると思われるかもしれないが、実際にはこれについても思想家のうちで意見が一致することが多いのである。

人間の本性については人々の間で意見が対立することが多いにもかかわらず、人々の本性は実際には同じものであることが多い。それだけに第一原理については意見が対立するとしても、ベーコンが中間的な原理と呼んだものについては、すなわち真の媒介の役割を果たす原理については意見が一致する傾向があるのである。さまざまな行動が中間的な目的にどのようにかかわるかを説明するよりも、究極の目的にどのようにかかわるかを説明する試みや、行動の価値を人間の幸福と直接に結びつけることによって説明しようとする試みのほうが好まれる傾向がある。そのため真の意味でもっとも重要な効果ではなく、ごくたやすく指摘することができ、たやすく個別的に確認できる効果が重視されてしまうのである。

要するに効利を基準として採用する人々も、さまざまな二次的な原理を利用しなければ、真の意味で効利という基準を適用することができないことが多いのであり、反対に効利の原理を否定する人々も、こうした二次的な原理を一次的な原理に昇格させているにすぎないことが多いのである。何らかの一次的な原理が必要となるのは、複数の二次的な原理が対立する場合である。そしてその場合にこそ効利についての議論が実際に重要な意味をもつようになる。だからこそ効利にかかわる論争は、それ以外の点については実際に対立するものではなく、配列と論理的な従属関係の問題にすぎないのである。そこで倫理哲学の体系的な統一性と一貫性のために、効利についての議論が純粋に科学的な観点から重要なものとなるのである。

ただしベンサムのなしたあらゆる仕事は効利の原理に依拠するものであったこと、ベンサムは自分が自明なものとみなすことのできる第一原理を見いだす必要があり、自分のその他のすべての理論をこの第一原理の論理的な帰結として導き出せるようにする必要があったこと、ベンサムにとっては自分の知性を信頼できるためには、自分の理論に体系的な統一性がそなわっていることが必要不可欠な条件であったこと、これらのことは大いにありうることである。

さらにここでつけ加えておくべき重要な点がある。すなわち幸福というものが、道徳の目指すべき重要な目的であるかどうかは別として、道徳は何らかの種類の目的を目指す必要があり、曖昧な感情や説明できない内的な確信の領域に放置しておいてはならないこと、道徳は理性と計算の問題とみなされるべきであり、たんなる心情の問題とみなしてはならないこと、これは道徳哲学の観念そのものにとって基本的に重要なことなのである。これによってこそ道徳のさまざまな問題についての論拠や議論が可能となる。行動の道徳性というものは、そうした行動によって生まれるさまざまな結果によって決まるという理論は、学派の違いを問わず、理性を重んじるすべての人が信奉している学説である。これらの道徳についての学派のうちで、功利主義の学派に特有な理論は、行為の結果の善と悪はただ快楽と苦痛だけによって測られるという主張にあったのである。

倫理学におけるベンサムの欠陥

ベンサムは効利の原理を採用したことによって、行為の道徳性を決定するための基準として行動の帰結に注意を集中するようになったのであり、そのことにおいてはベンサムは正しい方向に進んでいた。しかし道に迷うことなくこの方向に進みつづけるためには、性格の形成について、あるいは行為が行為者自身の心のあり方に及ぼす影響について、ベンサムが持っていたよりも詳しい知識が必要とされていた。ベンサムにはこのような行為の結果を評価する能力が欠如していた。そしてこの問題についてあまり経験のない人は、多くの経験を積んだ人々に慎み深い敬意を抱くべきでありながら、ベンサムがこのような敬意を抱いていなかったために、実践的な倫理の問題についてのベンサムの思想の価値が著しく損ねられたのである。

人間の行為を判定すべき三つの観点

さらに見過ごすことのできない重要な誤りをベンサムは犯していた。この誤りのためにベンサムはすべての人々に共通する感情に反する方向に進むようになり、彼の哲学は冷ややかで機械的で冷淡な調子を帯びるようになったのである。やがて一般の人々は、ベンサム主義者とはこのような調子で語る人々であると考えるようになったのだった。

この誤りあるいは思想の一面性は、功利主義者としてのベンサムの特徴ではなく、職業的な道徳論者としてのベンサムの特徴であって、宗教的な道徳論者であるか哲学的な道徳論者であるかを問わず、ほとんどすべての専門的な道徳論者に共通した特徴でもあった。それは行為や特性について、道徳的な観点から考察するのが唯一の考察方法であるかのようにみなすという誤りである——このような観点が人間の行為や性格を考察するために何よりも重要な第一の観点であるのは確かなのであるが。ところがこの観点は、人間の行為や性格を考察するための三つの観点のうちの一つにすぎないのである。これらの三つの観点の全体から考察することによって、人間についてのわたしたちの考え方が心的に影響されるのであり、影響されるべきであり、わたしたちの本性によって完全に否定されない限り、影響されざるをえないのである。

わたしたち人間の行為には三つの側面がある。第一の側面は道徳的な側面であり、わたしたちはこの側面について、人間の行為が正義の行為であるか不正の行為であるかという観点から考察する。第二の側面は美的な側面であり、わたしたちはこの側面について、人間の行為が美しいものかどうかという観点から考察する。第三の側面は共感的な側面であり、わたしたちはこの側面について、人間の行為が他の人々によって愛すべきものとみなされるかどうかという観点から考察する。

第一の観点はわたしたち人間の理性と良心に訴えるものであり、第二の観点はわたしたち人間の想像力に訴えるものであり、第三の観点はわたしたち人間の同胞意識に訴えかけるものである。

わたしたちは、第一の観点にしたがって何らかの行動を是認するか否認するのであり、第二の観点にしたがって何らかの行動を賛美するか軽蔑するのであり、第三観点にしたがって何らかの行動を愛するか、哀れむか、嫌悪するのである。ある行動の道徳性は、その行動がどのような結果をもたらすと予想されるかによって決定されるのであり、ある行動の美しさや好ましさ、あるいはその反対の醜さや哀れさは、行為において示されているさまざまな性質によって決まるのである。

このようにして嘘をつくことは、まず第一に悪しきことである。というのも嘘によって生じる結果が人々の心を惑わせる傾向があるからであり、人々が他者に対して抱く信頼の念を破壊する傾向があるからである。また嘘をつくことは卑劣なことである。それは真実を語ることによって生まれる結果に直面する勇気が欠如していることを示すために卑怯なものであり、あるいはせいぜいのところ、率直な手段を講じて自分の目的を実現しようとする力が欠如していることを示すものであり、こうした力というものは精力や理解力をそなえている人であれば誰もが十分にもっているはずなのである。

ブルトゥスが自分の息子たちを処刑した行為は正しいものであった。[*46] というのはこの行為は国家の自由のために不可欠な法律を、その法律に反する行為をしたことが明らかな人々に適用するものだったからである。この行為はさらに称賛すべきものであった。これによってブルトゥスはきわめて稀な自制心と勇気とを示したからである。ただしこの行為に愛すべきものはまったくなかった。この行為には愛すべき性質が欠如していることを示すところはあったとしても、何らかの愛すべき性質が存在することはまったく示していなかったからである。処刑された息子たちの一人が、兄弟愛のためにこの陰謀に加担したのであったならば、この息子の行為は道徳的なものでも称賛すべきものでもなかったであろうが、愛すべきものではあったであろう。

一つの行為にみられるこれらの三つの観点を混同することは、いかなる詭弁を弄しても不可能なことである。しかしこれらの三つの観点のうちの一つだけにこだわって、ほかの観点を見失うのはよくあることである。感傷主義は、これらの三つの観点のうちの第二と第三の観点を第一の観点よりも優先するものであり、道徳論者一般の誤りあるいはベンサムの誤りは、第一の観点だけを重視して、ほかの二つの観点を軽視することである。この傾向はベンサムにおいてとくに顕著である。ベンサムは道徳的な基準が至高の基準であるだけではなく(道徳的な

＊46　ルキウス・ユニウス・ブルトゥスは、共和政ローマの実質的な設立者で、紀元前五〇九年に、第七代ローマ王タルクィニウス・スペルブスを追放して共和政を設立して初代執政官に就任した。王政を回復しようとする陰謀が企てられ、二人の息子ティトゥスとティベリウスもその陰謀に加担していたことが明らかになり、ブルトゥスは二人の息子を処刑した。

基準はたしかに至高の基準であるべきである)、唯一の基準であると考えたのであり、そのように書き残していたのである。

　ベンサムは道徳的な基準がわたしたちのすべての行動の唯一の主人であり、さらにわたしたちのすべての心情の唯一の主人であるべきであると考えていたのであり、そのように書き残していた。ベンサムはさらに、ある行為が善でも悪でもない場合に、あるいはその行為に抱かれた心情に比例するだけの善悪をなさない場合に、そのような行為をなした人を称賛したり好ましく感じたり、軽蔑したり嫌悪したりすることは、不公正であり偏見に基づいた行為であるかのように考えていたのであり、そのように書き残したのである。

　これについてはベンサムはきわめて一貫した姿勢を示していたのであり、根拠のない好みや嫌悪を示すとみなされている言葉を面前で語られると我慢できなかったほどである。たとえば趣味が良いとか趣味が悪いのような言葉である。彼は趣味の問題について他者を称賛したり非難したりすることは、そのように評する人の無礼な独断の行為にすぎないと考えていた。些細な事柄に対して人々が好ましいと思うか好ましくないと思うかは、その人の性格のあらゆる点についてきわめて重要な手がかりを豊富に与えてくれるものであるが、ベンサムはそのことをまったく無視していた。ところがある人の趣味は、その人が賢明であるか愚かであるか、教養を備えているか無知であるか、上品であるか粗野であるか、神経が鋭い人物であるか鈍い人物であるか、気前の良い人物であるか吝嗇な人物であるか、慈悲深いか利己主義的であるか、誠実であるか堕落した人物であるかなどを示してくれるものなのである

ベンサムの詩歌論

ベンサムの詩歌についての独特な意見も、この問題に結びついている。ベンサムが想像することの楽しみというもの、美術というものを軽蔑していたことについては、いかなる根拠もない多くのことが語られてきた。ベンサムは生涯を通じて音楽という娯楽を享受しつづけた。絵画や彫刻など、視覚に訴える芸術については軽蔑するどころか、重要な社会的な目的のために利用できる手段として認識することもあったほどである。ただしこれは多くのイギリス人にみられることであるが、ベンサムもまた人間の性格の深いところにそなわる源泉には無知であった

ために、これらの芸術が人間の道徳的な性格の奥深いところに根差すものであり、個人と民族の教育に深くかかわることを考えてみようとしなかったのはたしかである。

もっとも、狭義の意味での言葉の表現としての詩歌には、ベンサムはいかなる好意も示さなかった。彼は言葉というものは、正確な論理的な真理を語るために使われるべきであり、そうでない時には本来の役割から逸脱していると考えていた。彼はある著作において「それがもたらす快楽の量が同じであるなら、プッシュピン遊び[*47]は詩歌と同じくらいに良いものである」と語っている。ただしこの言葉はベンサムがもっとも高く評価し、称賛していたものごとについて語りたかったことを逆説的な形で表現したものにすぎない。「あらゆる詩歌は、現実を偽って表現したものである」という警句もあるが、この言葉は詩歌についての彼の考え方をはるかに特徴的に表現したものである。

ベンサムは詩歌というものは基本的に効果を上げるために誇張して語る営みであると考えた。ベンサムの性格のこのような特徴は、カーライルが「限界をもつ人々の完璧さ」という言葉で巧みに表現したものの珍しい実例であると思われる。ここにみられるのは、自分の狭い境界の内側にとどまることで、無限に広い視野を持つ人々には叶わないような満足を味わっている一人の哲学者である。この哲学者は、人間はそれぞれの時点においてただ一つの物しか注視できないという哀れな人間の知性の基本的な法則から完全に解放されていると考えて満足しているのであり、人間のこのような不完全さに向き直って、こうした不完全さを厳粛に禁じることができると自惚れているかのようである。

いかなる命題も正確な真理ではありえないのであり、そうした命題が実際に適用される場合には、その命題のうちに考慮すべきすべての制約と限定を含めることはできないものだが、ベンサムはこうした制約が詩歌だけにあてはまるものと考えていたのであろうか。わたしたちはベンサムの散文に示されたさまざまな命題が、理想的な命題からいかにかけ離れたものであるかを確認してきた。このような理想的なあり方に近づこうと試みることは、詩歌の目指すと

＊47　プッシュピン遊びは、一六世紀から一九世紀までイギリスの子供たちが好んだ室内での卓上ゲーム。罪のない娯楽の典型として挙げられることが多かった。

ころではないし、雄弁術の目指すところでも、あらゆる種類の通俗的な書物の目指すところでもないのである。

このようなベンサムの批判はまったく理に適ったものである。読む人に真理を認識させるだけではなく、感じさせることを試みるすべての著作は、それぞれの時点においてはただ一つの点だけを取り上げ、その点だけについて徹底的に読者や聴取者の心の全体に浸透させ、それによって精神のすべてを染めあげようと試みるものである。このようにして強調しようとする真理が、その場合に必要とされる真理であるならば、そのような試みは正当なものと言えるだろう。感情に訴えようとする書物はごく自然に誇張しようとする傾向をそなえている。しかし他の多くの事例と同じようにこの事例においても、十分に試みたと実感できるためには、あまりに多くのことを試みなければならないものであることを、ベンサムは想起すべきであったろう。

ベンサムの文体

ベンサムのこの原則のために、彼の晩年の著作は、複雑怪奇で込み入った文体によって、一般読者に読みにくいものとなり、専門の研究者だけが読めるものとなった。それは彼が実現できないほどの正確さを目指しつづけたことによって生まれたものである。しかし彼の初期のすべての著作と後期の多くの著作は、軽やかで遊び心に満ちていて読みやすい模範的な文体で書かれている。ベンサムのいくつかの文章は、アディソン*48やゴールドスミス*49の名文集に掲載しても遜色のないものであろう。しかし後年の著作と深くまで掘り下げた研究書においては、ベンサムの文体は英語に特徴的な文体から離れて、ラテン語やドイツ語の文章構造に似た構造を採用するようになっていた。

*48　ジョゼフ・アディソン（一六七二〜一七一九）は、イギリスのエッセイストで文学者。エッセイ新聞『スペクテイター』を創刊し、市民文学の基礎を確立したとされる。当時は彼の軽妙な文体が好まれていた。

*49　オリヴァー・ゴールドスミス（一七三〇〜一七七四）は、イギリスの詩人で小説家。小説の代表作は『ウェイクフィールドの牧師』、長編詩に『旅人』などの作品がある。ミルはゴールドスミスから強い影響を受けている。

ベンサムにとっては一つの文章でまず真なる事実を述べておいて、次の文章でそれを補足するようなことは耐えがたいことであった。しかし多くの人々はこのような方法を採用することによって文章を理解しやすく、読者にとって読みやすいものにしているのである。ベンサムは自分の使う言葉について説明したいことがあると、それを文章の途中に括弧に入れて挿入することにあくまでもこだわった。そのためにその文章で語ろうとする中心的な事柄が正しく理解される前に、付随的な事柄に注目することを読者に求めるのであり、読者は長い間にわたって理解が中断されたと感じざるをえないのである。そしてこうした文章の読み方に熟練しなければ、ベンサムの思考の進む方向を把握することはできない。彼の著作の主要な部分の多くはこのような欠陥から逸れているのは幸いなことである。

このような文体上の問題は、ベンサムの詩歌への非難を、背理法のような方法で証明するものと考えられる。詩歌に向けられた非難から免れるような文体を試みたために、まったく理解しがたい文体に辿りつかざるをえなかったのである。そしてさまざまに試みた結果、詩人や感傷的な人々の語るような不完全で一面的な正確さによって語るしかなかったのである。ここで考えていただきたいのは、ベンサムの詩歌への非難が認められて、彼が容認しないような文体を持つすべての文章が世の中から追放されるとしたら、文学と哲学はどのようなものになってしまうだろうか、文学と哲学が人々の心に影響を与える機会は残されただろうかということである。

結語

わたしはここでベンサムと彼の理論についてのこの短く不完全な評論を閉じなければならない。この評論においては、ベンサムについて取り上げられるべき多くの事柄を取り上げなかったし、取り上げた部分においても正当に取り上げていなかったかもしれない。しかしこの文章は少なくともベンサムの著作に親しんできた人間が執筆したものであり、哲学者としてのベンサムの特性と、ベンサムの著作が世界にもたらした結果について公平に評価しようとしたほとんど初めての試みと言えるものである。

わたしはベンサムの営みを割り引いて考えるように試みてきたし、こうした試みが控えめなものではなかったことは読者がすでにご覧のとおりであるが、ベンサムが人類に偉大な知的な恩恵を与えた人物であることは否定できない。ベンサムの著作はこれから長い期間にわたって、優れた実践的な思想家を教育する営みにおいて、必要不可欠な地位を占めることになるだろう。この現代という時代を理解しようとするすべての人々は、そして現代において有益な貢献をしようとするすべての人々は、必ずやベンサム全集を手にとって読まなければならないだろう。

訳者あとがき

ミル『功利主義』の果たした役割

本書には、ジェレミー・ベンサム（一七四八～一八三二）のあとを継いで功利主義の理論を普及させたジョン・スチュアート・ミル（一八〇六～一八七三）の著作『功利主義』と、ミルがベンサムの思想の長所と短所を鋭く描き出した論文「ベンサム論」を収録した。底本としたのは、*The Collected Works of John Stuart Mill, Volume X-Essays on Ethics, Religion, and Society*, Routledge, 1996である。

ミルの父親は同じくイギリスの著名な思想家であったジェームズ・ミル（一七七八～一八三六）であるが、父親のジェームズはベンサムと親交があり、功利主義の思想に強く共感していた。ミルは父親から英才教育を受けた。学校に通うことなく、幼い頃からギリシア語を学ばされ、経済学のリカードの書物を読まされた。毎朝の散歩の際には前日の読書の内容について報告させられ、父親の鋭い質問に答えさせられたのだった。これは学問というものを、記憶する知識としてではなく、思考する道筋をみいだす営みとさせるために父親が息子のために考え出したスパルタ教育の方法だった。

ミルはこのようにして父親から思考の道筋を示唆され、みずからノートをとりながらさまざまな著作を読み込むうちに、ベンサムの思想に魅了された。ミルは後に『自伝』において、ベンサムの思想のうちでとくに魅惑された点について、当時の道徳論の批判と、細分化による科学的な分類方法にあったと語っている。ベンサムの道徳論の批判を読んだミルは、「これで今まで道徳を説いた人たちはことごとく一掃された。ここにこそ思想の新時代が始まったのだ、という気持ちが強く来た」[1]と熱く語っている。

またベンサムの分類方法を学んで、「わたしは何だか高いところに連れてゆかれて、そこから精神の広い領土が見わたせ、どうにも数えきれないほどの無数の小さな知的結果までが遠くのほうにはてしなくひろがっているのが見える思いがした。さらに読み進むと、この知的明晰さに加えて、人間社会の実際的改革という実にワクワクする望みまでが現れた」[2]と力をこめて語っている。

この社会の改革の展望に鼓舞されて、ミルは友人たちと功利主義の思想を喧伝する「功利主義協会」を設立した。ミルが本書の三二ページの原注で語っているように、功利主義という言葉を普及させて、ベンサムの思想を「功利主義」という名目のもとにまとめて世間に打ち出したのはミルだった。ベンサムの著作は文体が読みにくく、ページ数も多いものがあったので、なかなか読者には手に取りにくいものだった。ミルのこの書物は人々にベンサムの思想の概略を理解するための重要な導き手となったのだった。功利主義が哲学の思想としての地位を確立する上では、ミルによるベンサムの思想の案内が大きな役割を果たしたのだった。

ミルはやがて社会改革の展望のもとで、ベンサムが中心となった哲学急進主義の運動にも活発に参加するようになった。しかしある時期からミルはベンサムへの心酔から醒めたかのように、ベンサムの思想に疑問を抱くようになった。これはベンサムの思想を教え込んだ父親の影響から自立するための苦しい思想的な営みだったと考えることもできるだろう。やがてフランスのサンシモン派の哲学者やオーギュスト・コントの思想に共感するようになった。そして一八三二年のベンサムの死去と一八三六年の父親のジェームズの死の後には、ベンサムを公然と批判するようになったが、急進派の哲学からベンサムの思想の不都合な影響を取り除いた新しい急進主義の運動を展開するようになったのだった。

本書に掲載した『功利主義』の論文は、一八六一年に『フレーザーズ・マガジン』誌に分載されて、一八六三年に著作として発表されたものである。この論文はベンサムの思想を功利主義という観点から巧みに要約したものであり、ベンサムの著作では明確に語られていなかったところまで掘り下げて検討し、部分的にはベンサムの功利主義の思想を補足して、その欠点を是正することを試みたものである。

この論文がベンサムの思想に加えた「補足」と修正は、大きく分けて三つに集約することができるだろう。まずベンサムの思想において示された快楽計算の要素を薄めて、快楽よりも幸福に重点を置いたことである。ベンサムは功利の原理について、「人間が苦痛と快という二人の主人によって支配されていること」[3]と説明している。人間のすべての行動は、苦痛を回避し、快楽を求めるという原理によって支配されており、こうした原理によって説明できると考えていた。そしてすべての法は、この原理に適うように定める必要があり、そのためには法によって影響をうけるすべての人々の快の合計と苦痛の合計を計算して、それが差し引きでプラスになるようにすべきだと考えたのである。

この快楽計算にはさまざまな問題があり、多くの議論を引き起こしていた。そこでミルは、エピクロス哲学の流れを汲むこうした快楽主義の傾向を薄めて、快楽を幸福と言い換えたのだった。哲学の伝統においても快楽を人生の目的とするエピクロスの快楽主義の哲学には批判が多かったので、人生の目的は幸福であるとするアリストテレスの伝統に掉さすことにしたのである。そしてベンサムも採用していた最大幸福の概念を功利主義の基準として明確に定めたのだった。それによって「〈功利〉すなわち〈最大幸福の原理〉を道徳の基礎とみなす」（本書三三ページ。以下本書からの引用はページ数だけを示す）ことを明確にしたのである。この考えによると、「正しい行為とは、幸福を増進する傾向をそなえているもののことであり、不正な行為とは、幸福ではないものを生み出す行為のことである」（同）のである。

ただしベンサムもほとんど同じことを語っているので、これはミルの独創ではない。ベンサムは「功利性の原理とは、その利益が問題とされている人々の幸福を増進するか、低減させる傾向があると思われるあらゆる行為を是認するか、否認するために使われる原理である」[4]と語っているからである。ただしベンサムは主著の『道徳および立法の諸原理』においては幸福という概念をほとんど使わず、快と苦痛の概念だけで議論を進めている。それにたいしてミルは快と苦痛の概念ではなく、幸福の概念を正面にだすことで、人生の目的は幸福になることであるという哲学の主流の伝統に依拠することができたのである。

第二に、このように幸福という概念を軸とすることよって、快と苦痛には人間を幸福にする種類のものと、人間をそれほど幸福にしない種類のものがあることを強調することができた。これは快と苦痛の総量を重視するベンサムの理論と離れて、快と苦痛の質を重視する方針を打ち出したことを意味する。それが豚とソクラテスの有名な譬え話である。ミルは快と苦痛には、動物的な種類のものと人間的な種類のものがあると主張した。ベンサムの議論では、立法においては人間全体の快を差し引きして増進させることを目指すべきであるとされていた。この場合には快と苦痛は純粋に数量化されているので、ある法的な措置によって、ごく卑俗で身体的な快楽が高級で知的な快楽よりも合計すると人類全体の快を増進するのであれば、その法は是認されることになるだろう。

　しかしミルはこのような量的な快楽計算の議論を避けて、快楽にも質的な違いがあることを強調する。そして知的で高級な快楽は、人間にとって望ましい幸福をもたらすものであり、低俗で身体的な快楽よりも望ましい場合があることを指摘する。「満足した豚であるよりも、満足しない人間であるほうがましである。満足した愚か者であるよりも、満足しないソクラテスであるほうが好ましい」（四一ページ）と主張するのである。そしてこのような快楽の質的な違いのために高級な快楽は、「比較の際に量の問題をほとんど無視できるように優れていることになる」（三七〜三八ページ）ことが指摘される。さらに高級な快楽を尊ぶような人は世界全体に利益をもたらすということで、この比較の意味が明らかにされる。「だからこそ高貴な性格が世の中で善なるものとして育まれることによって、初めて功利主義が実現できるようになる」（四六ページ）と結論されるのである。

このように快楽の質の違いを重視するということは、このような高級な快楽を求める人々の存在を容認することによって、社会全体の幸福が高まることを期待するということであるが、それだけではなく、このような人々の欲望を積極的に是認することにおいて、社会のうちでの自由を促進することを期待するという意味もそなえていた。こうした高級な快楽を追求するのは例外的な人々かもしれないが、社会における個人の多様性と自由とを保護するために、「例外的な個人が大衆とは異なる行動をとる場合に、これを阻害しないでむしろ鼓舞せねばならない」[5]と考えたのである。

こうした人々の高級な快楽を追求する自由を認めることによって、そうした人々が幸福に感じるのであれば、低級な快楽だけを是認するよりも、社会全体の快楽の度合いが低下するとしても、社会全体の自由度を高めることができるはずである。「人類は、自分にとって幸福に思われるような生活をたがいに許すほうが、他の人々が幸福と感ずるような生活を各人に強いるときよりも、得るところが一層多いのである」[6]と言えるからである。

ミルが『自由論』で断言したように、「自由の名に値する唯一の自由は、われわれが他人の幸福を奪い取ろうとせず、また幸福を得ようとする他人の努力を阻害しないかぎり、われわれは自分自身の幸福を自分自身の方法において追求する自由である」[7]はずだからだ。

この「功利主義」の第三の補足点は、ミルがこの論文において、ベンサムの快楽計算とは明確に異なる道徳性の原理を提示したことである。それは主として第5章「正義と功利の関係について」において語られている。ベンサムの快楽計算の理論によると、社会の全体の快楽を増進させる法的な措置は「正しい」ものであることが主張されていた。ということは、功利の原理に適った行為はすべて「正しい」すなわち正義であるということである。しかし世間一般の考え方では、たとえ快楽を損なうものだとしても、正義に適うためにはなさねばならないことがあるとされている。その場合には正義は、功利の原理に反するものとなり、幸福の増進という目標に反するものとなることになる。

これはベンサムの問題であるよりも、ミルの道徳と倫理の問題である。ベンサムがとくに問題とすることのなかったこの問題を、ミルはこの第5章で集中的に考察する。この正義の問題にたいしてミルは、イギリスのヒュームやスミス以来の伝統である共感の理論からアプローチする。正義とは何かについて、ベンサムであれば社会全体の快楽を増進する措置であると答えるだろうが、ミルはまず社会において正義はどのようなものとして捉えられているかという正義の現象学的な考察から始める。そして一般に正義とはどのようなものとして考えられているかを列挙するのである。「そこで人間のさまざまな行動様式や仕組みのうちで、人々が一般的に、あるいは広く共有された意見によって、「正義」や「不正」とみなしているものについて順に調べてみることにしよう」（一四八ページ）というわけである。

まず他人の所有物を奪うのは正義に反するとされている。これはアリストテレス以来の正義の「匡正的な正義」と呼ばれた考え方であり、正当な所有物を奪われた者はその剝奪を補われるのが正義であるという考え方である。あるいは自分に相応なものを獲得するのが正義とされている。これもアリストテレスによって「分配的な正義」という概念で提起されてきた伝統的な正義の理論である。さらに他者の信頼を裏切らないこと、すべての人に公平であり、すべての人を平等に扱うことなども、正義の一般的な概念として挙げられている。

ただしこのようにして考えられた正義と不正の概念は、そのままで法的な規制に結びつくとは考えられていない。というのも正義と不正の観念には道徳性の理論が含まれているからである。ミルは、「正義とか不正という考え方の根底に、このように罰せられるべきであるかどうかという考え方があるのは間違いのないことである。ある行為をする人を罰すべきであるとわたしたちが考えるならば、そのような行為を不正と呼ぶのであり、罰するほどではないと考えるならば、そうした行為について嫌悪や非難を示す言葉を使う」（一六六ページ）と指摘する。このように、正義と不正の概念の背後には、ある不適切な行為にたいして処罰すべきであるという道徳的な感情が存在しているのである。

そしてこの道徳的な感情は、たんに自己の防衛と自己の快楽の獲得という目的を守るという自己本位的なものではなく、社会においてともに生きる人々にたいする共感の感情に依拠していると考えられる。自分に関係のない行為でも、人々は不正には憤るものだからである。「ある個人に害を加えた人物は罰すべきであるという願望は、次の二つの感情、すなわち自己防衛の衝動と共感の感情から自然に生まれるのであり、どちらもきわめて自然な感情であって、本能的なものか、本能に似たものである」（二七二ページ）とミルは説明している。

ただし不正な行為と不道徳な行為とは明確に異なるものである。そのことは不正な行為にたいしては、人々はその行為を遂行した人物を罰する「権利」があるが、慈善を行わないというような道徳に反する行為には、その行為者を罰する権利をもたないことからも明らかである。不正を行った者を罰する権利が人々のうちに生じるかどうかが、たんに非難されるにとどまる不道徳な行為と、処罰すべき不正な行為とを分かつのである。

ミルによって重要なのは、功利の原理がこのような道徳的な感情に沿った形で、社会全体の福利と安全のために役立つ原理であるということである。功利の原理には、社会を構成する個人を保護すべきであるという原理と、社会のうちで生きる人々は共感の原理によって、不正がなされることを許しがたいこと、罰すべきことと考えるものであるという事実があるのである。功利の原理にたいする道徳性の観点からの批判は、人々の享受できる快楽の総量を減らすことがあったとしても、不正を罰し正義を貫く必要があることが多いことを指摘するものであった。ミルはこの批判にたいして、人々は不正をなされた他者に対する共感の感情を抱くものであり、それは社会全体の安全を保護するために役立つものであること、そしてこのような社会の安全の保護こそは、その社会のうちに生きる人々の快楽を最大にする力があるという意味で、功利の原理から当然に帰結するものであることを指摘して、この批判を回避しようとする。

人々が不正を目にして抱く正義の「感情はたんなる憤慨という自然な感情であって、社会的な善の要求と共存することによって道徳的な色合いを帯びたものにすぎない」(二一一ページ)とミルは結論する。このように共感の原理によってミルは功利の思想と正義の感情を結びつけ、それによってこの批判に対処できたと考えるのである。

*

なお、第4章において意志と欲望が異なるものであるという批判について、ミルは「別のところで述べたように、わたしはこうした見解をほかのどのような人にも劣らず正しいものであるとして強調している」(一三五ページ)と語っていた。この「別のところ」とは、『論理学体系』第六巻第二章第四節「動機は快楽や苦痛を予想したものであるとは限らない」のところである。ここでミルは次のように述べている。

第四節　動機は快楽や苦痛を予想したものであるとは限らない

人間の行為の因果関係についての理論について、多くの人々を悩ませている混乱や誤解を取り除くためには、こうした因果関係には自己形成の力が存在することを認めるだけではなく、さらに別の要因についても考慮する必要がある。というのも意志が動機によって決定されると主張する際に、この動機という言葉によって意味されているのは、必ずしも快楽や苦痛についての予測を意味するのではなく、そのような予測に限られるわけでもないからである。

ここではあらゆる意志的な行為が最初は何らかの快楽を獲得したり、何らかの苦痛を回避したりすることを目指して、意識的に採用される手段にすぎないかどうかという問題については立ち入らないことにしよう。ただし確実なことは私たちは連想の力の影響によって、目的について考えずに手段を望むようになるのは確実だということである。行為そのものが願望の対象となって、その他にどのような動機も考慮せずに行われるのである。
(中略)

習慣的になった意志はふつう意図と呼ばれる。わたしたちの意欲の原因や、このような意欲から行われる行為の原因のうちには、好き嫌いだけではなくこのような意味での意図も含まれていると考えなければならない。わたしたちの意図が、その源泉である快楽や苦痛の感情から独立したものとなった時に初めて、わたしたちには確固とした性格がそなわったと評価されるのである。ノヴァーリスは「性格とは意志が完全に何らかの型にはまったものである」と語っている。このように型にはまった意志というものは安定して揺らぐことがないものである。このような時には快楽と苦痛に対する受動的な感受性は著しく弱まっているか、著しく変化してしまっているのである。

このように意欲の原因は動機であり、動機の原因は自らの願望に対するそれぞれの人に特有な感受性と結びついた形でそれぞれの人にとって望ましい対象と思われるもののことである。[8]

ミルはこの『論理学体系』の第六巻「道徳科学の論理学」においては、性格学とポリティカル・エソロジーの考察を展開しており、その枠組みで人間の行為の因果関係と幸福の問題も検討しているために、ここに引用したような動機と欲望の関係についても考察していたのである。『論理学体系』という名称にもかかわらず、ミルはこの著作でも、『功利主義』の議論と通底する「人間の本性の科学」の確立を目指していたのである。

＊

なお付録として掲載した「ベンサム論」は、『ロンドン・アンド・ウエストミンスター・レヴュー』誌一八三八年八月号に公表されたものである。この論文ではベンサムの思想的な欠陥についてあけすけに批評しながら、ベンサムから受け継いだ功利主義について、ベンサムと父親のジェームズからの思想的な束縛を断ち切った後のミルの考え方について率直に述べているところが注目される。

ミルは『自伝』においてこの著作について、次のように語っている。「この論文でわたしは、ベンサムの長所は十分認めつつ、彼の哲学のあやまりあるいは欠陥と思う点をいくつか指摘した。この批評の骨子はわたしは今でも完全に正当だと考えるが、あれをあの時期に発表したことが正しかったかどうかには、その後ときに疑問を感じてきた。わたしに折にふれて、ベンサムの哲学は進歩への道具として考えたばあい、そのなすべき役割をはたさないうちにある程度世の不信用を買ってしまったように感じられ、そうするとその成果を下げるように一役買ったということは、社会の進歩に貢献するよりもむしろ害を与えることであったたように思えるのである[9]」。

ミルはこのように、「ベンサム論」ではベンサムの思想の欠陥としてとくに、歴史性や国民性を無視していることを指摘しているが、こうした批判を補うかのよう「功利主義」の論文では、ミルの思想を喧伝することに重点を置いていたのだった。そのことはミルがつづけて、「一方では私自身がベンサムの哲学の根本原理の弁護論を書いて埋め合わせてしている[10]」と語るとおりである。この二つの論文は、ミルからみたベンサムの思想の欠陥と長所を明確に示すことに役立っているのであり、そこから逆に『自由論』や『論理学体系』などのミル自身の思想を裏側から照らし出す重要な役割を果たしているのである。

＊

なお本書の刊行にあたっては、いつもながら日経BPの黒沢正俊さんにいろいろとご配慮いただいた。記して感謝したい。

二〇二三年秋

中山　元

1 『ミル自伝』朱牟田夏雄訳、岩波文庫、六四ページ。
2 同、六五ページ。
3 ベンサム『道徳および立法の諸原理』（中山元訳、ちくま学芸文庫、上巻、二七ページ）。
4 同、二八ページ。
5 ミル『自由論』塩尻公明・木村健康訳、岩波文庫、一三五ページ。
6 同、三〇ページ。
7 同。
8 *The Collected Works of John Stuart Mill, Volume VIII-A System of Logic Part II*, Routledge, 1974, pp.842-843.
9 『ミル自伝』前掲書、一九〇ページ。
10 同。

19. 隷従への道
フリードリヒ・ハイエク
村井章子［訳］

20. 世界宗教の経済倫理
比較宗教社会学の試み
序論・中間考察
マックス・ウェーバー
中山 元［訳］

21. 情報経済の鉄則
ネットワーク型経済を
生き抜くための戦略ガイド
カール・シャピロ
＋ハル・ヴァリアン
大野 一［訳］

22. 陸と海
世界史的な考察
カール・シュミット
中山 元［訳］

23. パールハーバー
警告と決定
ロバータ・ウォルステッター
北川知子［訳］

24. 貨幣発行自由化論
改訂版
競争通貨の理論と実行に
関する分析
フリードリヒ・ハイエク
村井章子［訳］

25. 雇用、金利、通貨の
一般理論
ジョン・メイナード・ケインズ
大野 一［訳］

26. 政治神学
主権の学説についての四章
カール・シュミット
中山 元［訳］

27. 危機からの脱出 I、II
W・エドワーズ・デミング
成沢俊子＋漆嶋稔［訳］

28. 功利主義
ジョン・スチュアート・ミル
中山元［訳］

日経BPクラシックス 既刊

1. **資本主義と自由**
ミルトン・フリードマン
村井章子［訳］

2. **マネジメント**
務め、責任、実践 I～IV
ピーター・ドラッカー
有賀裕子［訳］

3. **大暴落 1929**
ジョン・K・ガルブレイス
村井章子［訳］

4. **職業としての政治／職業としての学問**
マックス・ウェーバー
中山 元［訳］

5. **代議士の誕生**
ジェラルド・カーティス
山岡清二＋大野 一［訳］

6. **大収縮 1929-1933**
「米国金融史」第7章
ミルトン・フリードマン
＋アンナ・シュウォーツ
久保恵美子［訳］

7. **プロテスタンティズムの倫理と資本主義の精神**
マックス・ウェーバー
中山 元［訳］

8. **世界一シンプルな経済学**
ヘンリー・ハズリット
村井章子［訳］

9. **ロンバード街**
金融市場の解説
ウォルター・バジョット
久保恵美子［訳］

10. **自由論**
ジョン・スチュアート・ミル
山岡洋一［訳］

11. **資本論**
経済学批判 第1巻 I～IV
カール・マルクス
中山 元［訳］

12. **経済史の構造と変化**
ダグラス・C・ノース
大野 一［訳］

13. **歴史主義の貧困**
カール・ポパー
岩坂 彰［訳］

14. **道徳感情論**
アダム・スミス
村井章子＋北川知子［訳］

15. **グリフィス版**
孫子 戦争の技術
サミュエル・B・グリフィス
漆嶋 稔［訳］

16. **赤字の民主主義**
ケインズが遺したもの
ジェームズ・M・ブキャナン
＋リチャード・E・ワグナー
大野 一［訳］

17. **決定の本質**
キューバ・ミサイル危機の分析
第2版 I、II
グレアム・アリソン
＋フィリップ・ゼリコウ
漆嶋 稔［訳］

18. **資本主義、社会主義、民主主義 I、II**
ヨーゼフ・シュンペーター
大野 一［訳］

著者略歴

ジョン・スチュアート・ミル（John Stuart Mill）一八〇六〜一八七三。一九世紀を代表する英国の自由主義哲学者。政治・経済理論でも後代に影響を与えた。下院議員も務めた。ベンサムの功利主義を受け継いで、発展させた。哲学者の父ジェームス・ミルから英才教育を受けたことでも知られる。著書に『自由論』、『代議制統治論』、『経済学原理』、『論理学体系』など。

訳者略歴

中山元（なかやま・げん）思想家・翻訳家。一九四九年生まれ。東京大学教養学部中退。著書に『わたしたちはなぜ笑うのか　笑いの哲学史』（新曜社）、『自由の哲学者カント　カント哲学入門「連続講義」』（光文社）、『フーコー入門』（ちくま新書）など。訳書にシュミット『政治神学　主権の学説についての四章』、同『陸と海　世界史的な考察』、マルクス『資本論　経済学批判　第1巻』I〜IV、ウェーバー『プロテスタンティズムの倫理と資本主義の精神』、同『世界宗教の経済倫理　比較宗教社会学の試み　序論・中間考察』（以上、日経BPクラシックス）、カント『判断力批判』、『純粋理性批判』、『実践理性批判』、ハイデガー『存在と時間』（以上、光文社古典新訳文庫）、ベンサム『道徳および立法の諸原理序説』、アレント『責任と判断』（以上、ちくま学芸文庫）など。

功利主義

二〇二三年一一月二〇日　第一版第一刷発行

著者　ジョン・スチュアート・ミル
訳者　中山元
発行者　中川ヒロミ
発行　株式会社日経ＢＰ
発売　株式会社日経ＢＰマーケティング
〒一〇五-八三〇八
東京都港区虎ノ門四-三-一二
https://bookplus.nikkei.com/

装丁・造本設計　祖父江慎＋根本匠（cozfish）
製作　マーリンクレイン
印刷・製本　中央精版印刷

ISBN978-4-296-00172-9

本書に関するお問い合わせ、ご連絡は左記にて承ります。
https://nkbp.jp/booksQA

『日経BPクラシックス』発刊にあたって

グローバル化、金融危機、新興国の台頭など、今日の世界にはこれまで通用してきた標準的な認識を揺がす出来事が次々と起っている。しかしそもそもそうした認識はなぜ標準として確立したのか、その源流を辿れば、それは古典に行き着く。古典自体は当時の新しい認識の結晶である。著者は新しい時代が生んだ新たな問題を先鋭に捉え、その問題の解決法を模索して古典を誕生させた。解決法が発見できたかどうかは重要ではない。重要なのは彼らの問題の捉え方が卓抜であったために、それに続く伝統が生まれたことである。

世界が変革に直面し、わが国の知的風土が衰亡の危機にある今、古典のもつ発見の精神は、われわれにとりますます大切である。もはや標準とされてきた認識をマニュアルによって学ぶだけでは変革についていけない。ハウツーものは「思考の枠組み（パラダイム）」の転換によってすぐ時代遅れになる。自ら問題を捉え、自ら解決を模索する者。答えを暗記するのではなく、答えを自分の頭で捻り出す者。古典は彼らに貴重なヒントを与えるだろう。新たな問題と格闘した精神の軌跡に触れることこそが、現在、真に求められているのである。

一般教養としての古典ではなく、現実の問題に直面し、その解決を求めるための武器としての古典。それを提供することが本シリーズの目的である。原文に忠実であろうとするあまり、心に迫るものがない無国籍の文体。過去の権威にすがり、何十年にもわたり改められることのなかった翻訳。それをわれわれは一掃しようと考える。著者の精神が直接訴えかけてくる瞬間を読者がページに感じ取られたとしたら、それはわれわれにとり無上の喜びである。